新形式問題　完全対応

TOEIC® TEST リーディングスピードマスター

NEW EDITION

成重　寿
Narishige Hisashi

Jリサーチ出版

TOEIC is a registered trademark of Educational Testing Service (ETS).
This publication is not endorsed or approved by ETS.

受験者へのメッセージ

新形式でさらに分量が増えた

　TOEIC TEST のリーディングセクションの最難関は Part 7 の読解問題です。多くの受験者が時間切れとなり、最後まで解ききれずに終わるのが現状です。

　Part 7 は全部で 54 問から成り、シングルパッセージ 10 セット (29 問)、ダブルパッセージ 2 セット (10 問)、トリプルパッセージ 3 セット (15 問) で構成されています。新形式問題になって、セット数は 2 つ、設問数は 6 つ増えて、ますます読解力が求められるようになりました。

多彩な問題文・設問を攻略する

　そんな Part 7 を攻略するには、まず Part 7 がどんなパートで、どんな問題が出るかを知っておくことが大切です。

　問題文はメールをはじめ、広告や告知、記事、スケジュールなどさまざまなビジネス文が出題されます。また、新形式になって、メッセージチェーンやオンラインディスカッションなども出るようになりました。3 つの文書から情報を探すトリプルパッセージというビジネス現場に即した出題もあります。また、設問は「文挿入」「表現の意図」が新たに加わり、8 種類という多様な構成になりました。

　多彩な問題文・設問の特徴を知って、事前に十分練習しておくことがスコア獲得の絶対条件です。

タイムマネジメントが結果を左右する

　Part 7 は時間との戦いです。Part 5, 6 も含めて、75 分という持ち時間をどのように有効に使って、できるかぎり多くの問題に正答するか、タイムマネジメントが結果を大きく左右します。

　本書は時間管理や速読法も含めた、Part 7 に必須の学習項目をすべて組み込んだ完全パッケージです。9 日間という短期間でマスターできるので、TOEIC の他の学習と並行して進めることもできますし、直前対策にもぴったりです。

　本書を上手に活用して、ご自分のスコア目標をぜひ達成してください。

著者

本書の学習ポイント

❶ Part 7 を攻略する戦略がわかる

Part 7 を上手に解くにはいくつかのコツがあります。「多様な文章に慣れる」「8つの設問の対策」「言い換えをつかむ」「速読力をつける」「タイムマネジメント」などです。DAY 1 でこれらのコツを一挙にマスターします。

❷ 頻出の文章をすべて体験できる

本書では「メール」「告知」「広告」「フォーム」「記事」「ダブルパッセージ」「トリプルパッセージ」といった、Part 7 に出るすべての文章にトライできます。DAY 2～DAY 8 で自分で解いて、それぞれの文章に慣れることができます。

❸ すべての種類の設問にトライできる

8種類ある設問は、Exercises に分散されています。問題を解いていくなかで自然に各設問になじむことができます。解説では、各設問に応じた解法を紹介します。

❹ TOEIC 仕様の Exercises と模擬テスト

Exercises や模擬テストの問題はすべて TOEIC 仕様の本番レベル。本試験に直結する運用力が身につきます。

❺ 9日間でマスターできる

学習メニューは9日間で完了できます。直前対策にもぴったりの内容・ボリュームです。

CONTENTS

受験者へのメッセージ／本書の学習ポイント ……………… 2
本書の使い方 ……………………………………………… 6
学習スケジュール ………………………………………… 8

DAY 1 **Part 7の総合戦略** ……………………………… 9
　戦略❶ Part 7の流れと問題の特徴 …………………… 10
　戦略❷ 解き方の基本 …………………………………… 12
　戦略❸ 8種類の設問の対策 …………………………… 14
　戦略❹ 問題文の種類 …………………………………… 16
　戦略❺ 表現の言い換え ………………………………… 18
　戦略❻ タイムマネジメント …………………………… 19
　戦略❼ 速読テクニック ………………………………… 20

DAY 2 **シングルパッセージ 〔連絡系〕** ……………… 21
　①メール　②レター　③告知

DAY 3 **シングルパッセージ 〔スマホ系〕** ……………… 35
新形式
　①メッセージチェーン　②メッセージチェーン
　③チャットディスカッション

DAY 4 **シングルパッセージ 〔広告系〕** ……………… 49
　①製品広告　②オンライン広告　③施設広告

DAY 5 **シングルパッセージ 〔フォーム系〕** …………… 63
　①スケジュール　②アンケート　③出張日程

DAY 6	シングルパッセージ 記事系 ················ 77
	①記事　②情報　③ブログ

DAY 7	ダブルパッセージ ························· 97
	①記事＋レター ②オンラインメモ＋メール

DAY 8	トリプルパッセージ ······················ 115
新形式	①広告＋レビュー＋レター ②インボイス＋メール2通

DAY 9	模擬テスト ······························· 133
	Questions ····························· 134
	Correct Answers ······················ 174

模試テスト・マークシート ································ 221
模試テスト・スコアアレンジ簡易換算表 ················ 222

Columns

1 メール・告知のキーワード ·· 34
2 求人広告のキーワード ·· 62
3 テキストチェーン・オンラインチャットの表現① ························ 96
4 テキストチェーン・オンラインチャットの表現② ······················· 114

本書の使い方

本書は TOEIC の Part 7 を短期間で効率的に学習できるように作成されたものです。新形式問題にも対応していて、最新の問題傾向を練習することができます。

問題のページ

● DAY 2〜8 の練習では、類似の問題文をまとめて解く練習をします。

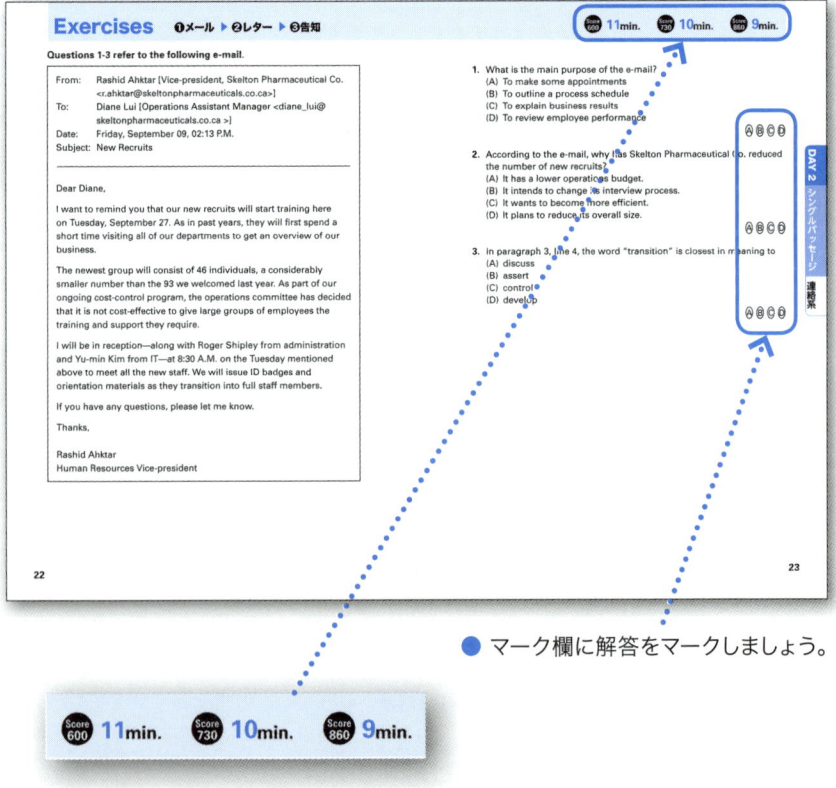

● マーク欄に解答をマークしましょう。

● スコア別に目標の解答時間を示しています。

正解・解説のページ

- 日本語訳には、各設問の「検索ポイント」を表示しています。
- 8つの「設問の種類」を表示します。

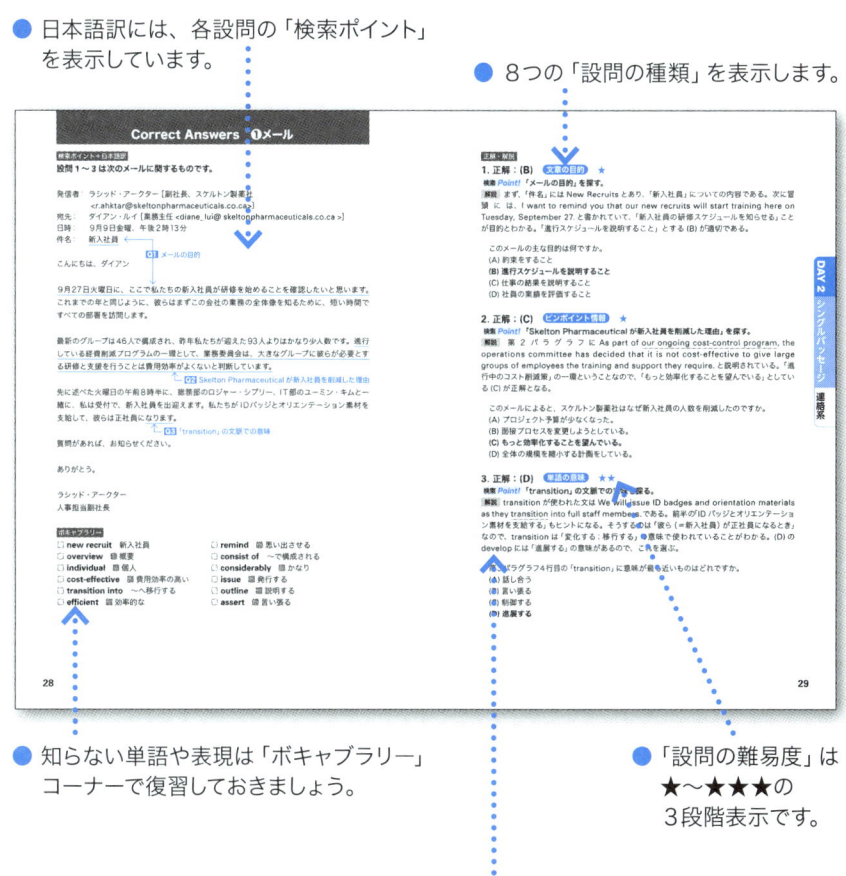

- 知らない単語や表現は「ボキャブラリー」コーナーで復習しておきましょう。
- 「設問の難易度」は★〜★★★の3段階表示です。
- 「解説」では、正解選択肢を選ぶ根拠をわかりやすく説明します。

ボキャブラリーの品詞表示

自 自動詞　他 他動詞　名 名詞　形 形容詞
副 副詞　前 前置詞　接 接続詞

学習スケジュール

本書では3つのステップで学習を進めるようになっています。

全体像を知る ▶▶ DAY 1 Part 7 の総合戦略

「Part 7 の特徴」「解き方の基本」「8つの設問」「文章の種類」「言い換え」「タイムマネジメント」「速読法」という必須ポイントを簡潔に紹介します。短時間で Part 7 のすべてを知ることができます。

問題練習をする ▶▶ DAY 2 ～ DAY 8 ジャンル別問題文

Part 7 に出題される多彩な問題文を使って練習をします。頻出の問題文・設問をすべて体験することができます。わからないところは解説を読んでしっかり復習しておきましょう。

学習のしあげ ▶▶ DAY 9 模擬テスト

最後に実際の Part 7 と同じ模擬テストで学習のしあげをしましょう。試験前の実戦練習にもぴったりです。

DAY 1

Part 7の総合戦略

まずPart 7はどんなパートなのか、その全体像を知っておきましょう。そして、多彩な問題文・設問の攻略法をはじめ、タイムマネジメントや速読法の基本を知って、Part 7に必要な戦略すべてを身につけましょう。

戦略❶ Part 7の流れと問題の特徴………… 10
戦略❷ 解き方の基本……………………… 12
戦略❸ 8種類の設問の対策……………… 14
戦略❹ 問題文の種類……………………… 17
戦略❺ 表現の言い換え…………………… 18
戦略❻ タイムマネジメント……………… 19
戦略❼ 速読テクニック…………………… 20

戦略❶ Part 7の流れと問題の特徴

Part 7の流れ

　Part 7の読解問題はリーディングセクションのQ147〜200で、設問数は54問です。問題文は全部で15セットあり、シングルパッセージ：ＳＰが10セット（設問数：各2〜4問）、ダブルパッセージ：ＤＰが2セット（設問数：各5問）、トリプルパッセージ：ＴＰが3セット（設問数：各5問）という構成になっています。

　難度はテストの各回によって若干のばらつきがあり、また問題の並びも易から難という順番で配列されているわけではありません。

　時間との勝負になるので、どこで何分使うのかという、おおよその時間配分を考えておくことが大切です。

残り時間＊ SCORE (860) (730) (600)	問題	問題 No.	設問数
58　55　52　↓　↓　↓	SP 1 SP 2 SP 3 SP 4 SP 5 SP 6 SP 7 SP 8 SP 9 SP 10	Q147〜 〜Q175	2〜4問 （以下、SP同）
30　25　20　↓　↓　↓	DP 1 DP 2	Q176〜180 Q181〜185	5問 5問
20　15　10　↓　↓　↓	TP 1 TP 2 TP 3	Q186〜190 Q191〜195 Q196〜200	5問 5問 5問

＊ Part 5, 6にかかる時間を考慮した現実的な「残り時間」を示しています。あくまで参考とお考えください。

Part 7の問題の特徴

どんな問題文が出て、どんな設問設定になっているのか、Part 7の特徴を知っておきましょう。

特徴❶ ビジネス文書＋α

問題文は、さまざまなビジネス文書で構成されている。広い意味でのビジネス文書で、旅行の予約メールや、広告、請求書、家電製品の保証書など、ビジネスパーソンが読む可能性のある文書も含まれる。

特徴❷ 素早く情報を検索する

Part 7で求められるのは素早い「情報検索力」である。設問が求める情報をつかんで、それを問題文中に見つけて、選択肢と照合する。この作業をいかに速く正確にできるかがポイントである。深く考えなければ解けない問題はない。

特徴❸ 設問には8種類ある

設問の種類は8つある。時間がかかるものとかからないものがある。

・時間かからない
　「文書の目的」「ピンポイント（特定）情報」「単語問題」
・時間かかる
　「関連情報」「存在しない情報の指摘」「表現の意図」「文の挿入」
　「情報の相互参照（ダブル・トリプルパッセージ）」

特徴❹ 正解は言い換えられている

正解選択肢は問題文中と同じ表現が使われずに、別の表現に言い換えられていることが多い。しっかりと内容を把握して、正解を突き止めることが大切である。

特徴❺ 単語レベルは高くない

単語レベルはそれほど高度ではない。「高校までの基本語＋ビジネスの重要語」で大部分は対応できる。記事などは実際の新聞・雑誌に比べてやさしく、難度の高い語彙・専門性の高い語彙は排除されている。

TOEICレベルの単語力が不足している人は、本書の各問題の語注なども利用して、単語力を補強しておくことが大切である。

戦略❷ 解き方の基本

Part 7 の問題をどう解けばいいか。次のサンプルで解き方の基本をつかんでおきましょう。

STEP 1 設問をさっと見る

あらかじめ設問をさっと見て、どんな情報が問われているのかを頭に入れておこう。目標を定めて読むほうが問題文の内容が頭に入りやすくなり、どこに必要な情報が書かれているかの見当もつく。

選択肢まであらかじめ読む必要はない。時間がかかるので選択肢は後の処理に回す。

STEP 2 問題文を全部読む

問題文は最初から最後まで全部読む。設問を先に読んで必要な情報が頭に入っているので、強弱をつけながら読むことができる。不要な部分は読み飛ばして、求める情報が書かれている部分をしっかり読む。

STEP 3 正解の選択肢を特定する

各設問に戻って、今度は4つの選択肢に目を通して、正しいものを特定する。多くの設問では簡単に正解を特定できるが、情報が問題文中に散っている設問や、ダブル・トリプルパッセージの相互参照の設問では、もう一度問題文を精査する必要に迫られることもある。時間の使い方に注意。

> ❶ Part 7 の問題文は基本的に「すべて読む」ことを推奨します。必要な情報が文章全体に散っていることや、文挿入の問題があることも考えると、全部読むのが結果的に一番効率的な読み方と言えます。

1. What does the advertisement mainly emphasize?
   (A) High operational quality
   (B) Substantial capital
   (C) Fast product delivery
   (D) Numerous performance awards

2. What is indicated about the first month of service by Kahn?
   (A) It is focused on surface cleaning.
   (B) It could be entirely complimentary.
   (C) It is imitated by many major competitors.
   (D) It could be available outside the metro area.

Khan Maintenance Company
87 Huntsville Boulevard

Kahn Maintenance Co. serves large and medium-sized businesses around the metropolitan areas. Our crews are capable of performing a wide range of services at an outstanding quality level.

Our basic service package focuses on keeping your building interiors clean, including tiles, carpets, and other surfaces. Our higher-end service package includes office equipment installation and repair, and even elevator and escalator maintenance.

We are so confident that you will be pleased by our work that there will be no charge at the end of the first month if you are not satisfied with our performance. None of our local competitors make this promise.

1. What does the advertisement mainly emphasize?
   (A) High operational quality
   (B) Substantial capital
   (C) Fast product delivery
   (D) Numerous performance awards

2. What is indicated about the first month of service by Kahn
   (A) It is focused on surface cleaning.
   (B) It could be entirely complimentary.
   (C) It is imitated by many major competitors.
   (D) It could be available outside the metro area.

戦略❸ 8種類の設問の対策

Part 7に8種類ある設問を具体的に見ていきましょう。時間がかかるか・かからないか、また各設問への対応法を頭に入れておくと解きやすくなります。

❖ 時間かからない設問

❶ 文章の目的を問う

What is the purpose of this letter?（この手紙の目的は何ですか）
Why was this e-mail written?（なぜこのメールが書かれたのですか）

▶ 文章の目的を問う設問はまず冒頭部分をチェック。それで、わからなければ、文章の流れを見る。

❷ ピンポイント情報を問う

Where will the event take place?（このイベントはどこで行われますか）
Who is Ms. Walker?（ウォーカーさんはどんな人ですか）

▶ 文章の中でその情報に関する記述を見つけて解答する。most likely で推測させる設問もあるが、ピンポイント情報と同様に解答できる。

❸ 単語の意味を問う

The word "note" in paragraph 1, line 1, is closest in meaning to
（第1パラグラフ1行目の「note」という単語に最も意味が近いものはどれですか）

▶ 文中の単語に最も意味の近いものを選択肢から選ぶ。文脈に沿った意味をつかむことが大切。時間がなくても解けるので、時間切れ間際でもトライしよう。

❖ 時間かかる設問

❹ 存在しない情報を指摘する

What ability is NOT required?（どんな能力が必要とされませんか）

▶ 文章の中にある情報と選択肢を照合しながら誤答を消していく。最後に残った選択肢が正解になる。

❺ 関連情報を指摘する

What is suggested about the company?
（この会社について何が示されていますか）
What is indicated about the author?
（この著者について何が指摘されていますか）
What is true about the project?
（このプロジェクトについて何が正しいですか）

▶ 文章中から関連情報を拾い読みする必要がある。情報が散っていることもあるので、時間がかかることが多い。設問では他に、mentioned、stated などの動詞も使われる。

❻ 複数の情報を結びつけて解答する

　ダブルパッセージ、トリプルパッセージに出る設問で、複数の文書の情報を組み合わせないと解けない。

▶ 数字や日付などシンプルな情報が、設問の対象になることが多い。

❼ 表現の意図を問う　新形式

At 10:58, what does Sharon mean when she writes "Depends on."?
（10時58分にシャロンが「Depends on.」と書くとき、彼女は何を意図していますか）

▶ 文脈から表現の意図を探る。表現自体はさまざまに解釈できるので、アンサーキーを前後の文脈の中から見つける必要がある。

❽ 指定された文を挿入する場所を探す　新形式

In which of the positions marked [1], [2], [3] and [4] does the following sentence best belong?
"Again, we sincerely apologize for your inconvenience."
（次の文は [1][2][3][4] のどの位置に一番よく当てはまりますか
「おかけしましたご不便に改めてお詫び申し上げます」）

▶ 文脈の流れ、ロジック、時間の前後関係、代名詞の指示関係などから最適の位置を決める。

戦略❹ 問題文の種類

　Part 7 には多種多様なビジネス文書およびビジネス周辺の文書が出題されます。次に挙げるのがよく出る代表的なものの一覧です。

　難易度はその問題によるので、メールや広告が簡単で、記事やリポートが難しいとは言い切れません。複雑で長いメールや情報量の多い広告なども出題されています。

■ 連絡系 .... DAY 2

メール (e-mail)
レター (letter)
回覧 (memo, memorandum)
告知 (notice)

▶ 相手に何かを知らせる文章なので、「文章の目的」「書かれた理由」がよく問われる。

■ スマホ系 .... DAY 3

テキストチェーン (text chain) 新形式
オンラインチャット (online chat) 新形式

▶ テキストチェーンやオンラインチャットには「表現の意図」の設問が設定される。口語的な表現がよく使われる。

■ 広告系 .... DAY 4

広告 (advertisement)

▶ 細分化すれば、求人広告、商品広告、店舗の広告、セールの広告、旅行の広告など。

▶ 求人広告にはお決まりの表現が使われるので、初級者の人はあらかじめ問題にあたって表現をチェックしておきたい。

✖ フォーム系　　　　　　　　　　　　　　　DAY 5

アンケート (questionnaire, survey)

請求書 (invoice)

旅程表 (itinerary)

会議の議題 (meeting agenda)

▶ 一覧、表組み、グラフなどを使った文書で、ビジネスで実際によく使うもの。情報をすばやく読み取ることが求められる。

▶ ダブル・トリプルパッセージで、メールやレターなどと組み合わされて出ることも多い。

✖ 記事系　　　　　　　　　　　　　　　　DAY 6

記事 (article)

リポート (report)

社内報 (bulletin)

▶ 文章量が多く、設問の数も4つ設定されていることが多い。文章が長いので時間はかかるが、文章のレベルは実際の新聞・雑誌記事などに比べて平易である。

✖ マルチプルパッセージ

ダブルパッセージ (double passage) 　　　　　DAY 7

トリプルパッセージ (triple passage) 新形式　DAY 8

▶ 複数の文章を「相互参照」して情報を特定する設問が出る。

▶ 文章の1つまたは複数にメールやレターが入ることが多い。

✖ 特殊文書

保証書 (warranty)

契約書 (contract)

指示・マニュアル (instructions, manual)

▶ 出る頻度は少ないが、保証書や契約書などは法律文書なので、なじみのない表現が使われて、難度が高い。

戦略❺ 表現の言い換え

　Part 7では、問題文の表現が正解選択肢で言い換えられていることがほとんどです。この言い換えを見抜きましょう。言い換えにはパターンがあります。

❶ 類義語に言い換える

　　an account（顧客）　　　……▶　a client（顧客）

　　consecutive（連続した）　……▶　serial, continuous（連続した）

　　refund（払い戻す）　　　……▶　reimburse, pay back（払い戻す）

　　executives（経営陣）　　　……▶　management（経営陣）

❷ 一般化した表現に言い換える

　　venue（開催場所）　　　　……▶　location, place（場所）

　　a smart watch（スマートウォッチ）
　　　　　　　　　　　　　　……▶　a gadget（小型機器）

　　proofread a draft（下書きを校正する）
　　　　　　　　　　　　　　……▶　review a document（書類を確認する）

　　knives and forks（ナイフとフォーク）
　　　　　　　　　　　　　　……▶　kitchen utensils（台所用品）

❸ 文全体を言い換える

The company has introduced a new dress code.
（会社は新しい服装規定を導入した）
　　　　　　……▶　Employees must comply with a new rule now.
　　　　　　　　　　（社員は今、新しい規則に従わなければならない）

She made a business trip to Paris, London and Barcelona.
（彼女はパリ、ロンドン、バルセロナに出張した）
　　　　　　……▶　Her itinerary had multiple destinations.
　　　　　　　　　　（彼女の旅程には複数の目的地が含まれていた）

戦略❻ タイムマネジメント

リーディングセクションの攻略には時間の管理がとても重要です。大量の文章を読まなければならないので、漫然と進めるのは失敗のもと。あらかじめ自分の実力に合った時間配分を考えておきましょう。

Part 7の時間配分は、その前のPart 5、6と合わせて考えておくことがポイントです。Part 5、6をやり終えた時点で何分残っているかを目安にするとわかりやすいでしょう。

✖ 600点をめざす

Part 5・6	▶	Part 7に入る時刻	▶	Part 7
23 分		14：08		52 分

▶ 600点目標の場合には、素点ベースで65～70問の正解が必要です。逆に言えば、Part 7で10数問の解き残しは許容範囲です。

✖ 730点をめざす

Part 5・6	▶	Part 7に入る時刻	▶	Part 7
20 分		14：05		55 分

▶ 730点目標の場合には、素点ベースで75～80問の正解が必要です。Part 7での解き残しは10問以下に抑えたいところです。

✖ 860点をめざす

Part 5・6	▶	Part 7に入る時刻	▶	Part 7
17 分		14：02		58 分

▶ 全問解答をめざす時間配分です。Part 7に60分残せれば、少し余裕を持って進めることができるでしょう。

注）「Part 7に入る時刻」はリスニングセクションが45分である場合です。テストの回によっては、リスニングセクションが46分や47分のことがあります。

戦略❼ 速読テクニック

英語の文章を速く読むにはコツがあります。次の3つのコツを頭に入れて、実際に文章を読んでみましょう。

❶ 1語ずつ読まずに、数語単位で読んでいく。
❷ 関係詞や従属接続詞のところで後戻りしない。常に直進的に読んでいく。
❸ 英語は英語のまま理解する。頭の中に日本語を思い浮かべてはいけない。

速読のコツを身につけるには、スラッシュリーディングという方法が効果的です。下の文章のスラッシュで区切られたところが、読むときの切れ目となります。つまりスラッシュで囲まれた部分を一気に（ひと目）で見ていくのです。その際、目はあくまで直進します。関係詞や従属接続詞などがあるからと言って、そこで戻ってはいけません。下記の例文では、that や to 不定詞で戻らないことが大切です。

We are currently looking for / business owners / that are looking for / the opportunity / to rent spacious storefront property / in convenient downtown locations. // We guarantee / that your business will get / a lot of customer traffic / at one of our prime rental locations!

我々は今探している / 事業主を / 探している / 機会を / 広々とした店舗物件を借りる / 便利なダウンタウンの立地に。// 我々は保証する / あなたの事業が得ることを / たくさんの顧客を / 我々の一級の賃貸物件で

❗ 音声を利用して、速く読む練習をすると効果的です。手元にあるリスニングの教材でかまいません。スクリプトをCDの音声に沿って、目で追ってみましょう。
　ネイティブスピーカーの発話スピードは1分間=180語前後と言われています。このスピードで読むことができれば、TOEICのリーディングセクションをすべて解ききるのに十分なスピードです。

DAY 2

シングルパッセージ

連絡系

	（問題）	（正解）
❶ メール	22	28
❷ レター	24	30
❸ 告知	26	32

メール、レター、告知に代表される「連絡系」の文章は、Part 7 で最も数多く出題されるものです。社内連絡のほか、お客さんと会社間のやりとりなど、さまざまなシチュエーションのものが出ます。

🔑 ポイント

- ✓ 最近は長く複雑なメールもあり、この種類の文章が簡単とは一概に言えなくなっている。
- ✓ 「文章の目的」「書いた理由」を問う設問が設定されることが多い。
- ✓ ダブル・トリプルパッセージの1つに組み込まれることが多い。
- ✓ 「予約の変更」「スケジュールの確認」「クレーム」「施設の改装の告知」などがよく出るテーマである。

Exercises ❶メール ▶ ❷レター ▶ ❸告知

Questions 1-3 refer to the following e-mail.

From:	Rashid Ahktar [Vice-president, Skelton Pharmaceutical Co. <r.ahktar@skeltonpharmaceuticals.co.ca>]
To:	Diane Lui [Operations Assistant Manager <diane_lui@skeltonpharmaceuticals.co.ca >]
Date:	Friday, September 09, 02:13 P.M.
Subject:	New Recruits

Dear Diane,

I want to remind you that our new recruits will start training here on Tuesday, September 27. As in past years, they will first spend a short time visiting all of our departments to get an overview of our business.

The newest group will consist of 46 individuals, a considerably smaller number than the 93 we welcomed last year. As part of our ongoing cost-control program, the operations committee has decided that it is not cost-effective to give large groups of employees the training and support they require.

I will be in reception—along with Roger Shipley from administration and Yu-min Kim from IT—at 8:30 A.M. on the Tuesday mentioned above to meet all the new staff. We will issue ID badges and orientation materials as they transition into full staff members.

If you have any questions, please let me know.

Thanks,

Rashid Ahktar
Human Resources Vice-president

1. What is the main purpose of the e-mail?
   (A) To make some appointments
   (B) To outline a process schedule
   (C) To explain business results
   (D) To review employee performance

2. According to the e-mail, why has Skelton Pharmaceutical Co. reduced the number of new recruits?
   (A) It has a lower project budget.
   (B) It intends to change its interview process.
   (C) It wants to become more efficient.
   (D) It plans to reduce its overall size.

3. In paragraph 3, line 4, the word "transition" is closest in meaning to
   (A) discuss
   (B) assert
   (C) control
   (D) develop

Questions 4-6 refer to the following letter.

Vincenzo Molinelli
Sorton City Hall
January 22

Rose Franklin
Owner
Tarpin Tool and Hardware Store

Dear Ms. Franklin,

I am pleased to inform you that the city has provisionally agreed to allow you to carry out construction to expand your premises.

We have reviewed the business credentials of the construction firm which will perform this, Delmar Incorporated. Led by its founder, Pauline Krankowski, it has built numerous other projects within the city, so we are confident the firm will be able to complete yours safely and within the specifications agreed to.

You may proceed with the construction after February 1. City safety and labor officials may visit the construction zone periodically to make sure that you are in compliance with all relevant regulations. These officials are empowered to suspend construction if violations of any of these rules are discovered.

Please contact me, should you have questions.

Regards,

Vincenzo Molinelli
Vincenzo Molinelli
Permits Officer
Construction Department
Sorton City

4. What is the main purpose of the letter?
   (A) To ask for payment
   (B) To authorize a process
   (C) To request more information
   (D) To promote a service

5. Who most likely is Ms. Krankowski?
   (A) A city government official
   (B) A project analyst
   (C) A business head
   (D) A labor union negotiator

6. According to the letter, where may safety personnel make inspections?
   (A) At a compliance office
   (B) At a specifications department
   (C) At a regulations bureau
   (D) At an outdoor worksite

Questions 7-9 refer to the following notice.

Summer View Park
Notice

We will be closed for approximately three weeks, starting Sunday, March 23.

During this time, we will trim bushes, grass and other foliage. We will also remove a number of mature oak, beech and ash trees in the park. These have grown weak with age and recently been marked as being in danger of falling over by forestry inspectors. Therefore, they must be taken away. This work will be done under the supervision of experienced conservation officers. To the extent possible, these older trees will be converted to recyclable paper.

We will bring in chainsaws, heavy loading equipment and transportation vehicles for this project. In addition, some of the trees scheduled for removal are close to hiking paths, picnic areas or playgrounds. Considering all this, closure of the park for citizen safety reasons is a necessity.

For more information visit us at www.summerview_park1.org. Our park visitor booths and information service desks will be closed as of the date above.

Posted by: Esten City Department of Works
In collaboration with the Ministry of Forestry

7. According to the notice, what will NOT take place as a result of the project at Summer View Park?
   (A) Various new seeds will be planted.
   (B) Qualified workers will be onsite.
   (C) Old trees will be removed from the area.
   (D) Recyclable material will be created.

8. Why will the park be closed?
   (A) To train conservation officers
   (B) To protect the general public
   (C) To replace mature foliage plants
   (D) To install new facilities

9. Where can people get more information about the project?
   (A) At a Web site
   (B) At visitor booths
   (C) At information desks
   (D) At the Ministry of Forestry

Correct Answers ❶メール

検索ポイント＋日本語訳

設問1～3は次のメールに関するものです。

発信者： ラシッド・アークター［副社長、スケルトン製薬社
　　　　　<r.ahktar@skeltonpharmaceuticals.co.ca>］
宛先： 　ダイアン・ルイ［業務主任 <diane_lui@ skeltonpharmaceuticals.co.ca >］
日時： 　9月9日金曜、午後2時13分
件名： 　新入社員 ← **Q1 メールの目的**

こんにちは、ダイアン

9月27日火曜日に、ここで私たちの新入社員が研修を始めることを確認したいと思います。これまでの年と同じように、彼らはまずこの会社の業務の全体像を知るために、短い時間ですべての部署を訪問します。

最新のグループは46人で構成され、昨年私たちが迎えた93人よりはかなり少ない人数です。進行している経費削減プログラムの一環として、業務委員会は、大きなグループに彼らが必要とする研修と支援を行うことは費用効率がよくないと判断しています。
　　　　　　　　↑ **Q2 Skelton Pharmaceutical が新入社員を削減した理由**

先に述べた火曜日の午前8時半に、総務部のロジャー・シプリー、IT部のユーミン・キムと一緒に、私は受付で、新入社員を出迎えます。私たちがIDバッジとオリエンテーション素材を支給して、彼らは正社員になります。
　　　　　　↑ **Q3 「transition」の文脈での意味**

質問があれば、お知らせください。

ありがとう。

ラシッド・アークター
人事担当副社長

ボキャブラリー

- **new recruit** 新入社員
- **overview** 名 概要
- **individual** 名 個人
- **cost-effective** 形 費用効率の高い
- **transition into** ～へ移行する
- **efficient** 形 効率的な
- **remind** 動 思い出させる
- **consist of** ～で構成される
- **considerably** 副 かなり
- **issue** 動 発行する
- **outline** 動 説明する
- **assert** 動 言い張る

正解・解説

1. 正解：(B)　文章の目的　★

検索 Point!　「メールの目的」を探す。

解説　まず、「件名」には New Recruits とあり、「新入社員」についての内容である。次に冒頭には、I want to remind you that our new recruits will start training here on Tuesday, September 27. と書かれていて、「新入社員の研修スケジュールを知らせる」ことが目的とわかる。「進行スケジュールを説明すること」とする (B) が適切である。

　このメールの主な目的は何ですか。
　(A) 約束をすること
　(B) 進行スケジュールを説明すること
　(C) 仕事の結果を説明すること
　(D) 社員の業績を評価すること

2. 正解：(C)　ピンポイント情報　★

検索 Point!　「Skelton Pharmaceutical が新入社員を削減した理由」を探す。

解説　第2パラグラフに As part of our ongoing cost-control program, the operations committee has decided that it is not cost-effective to give large groups of employees the training and support they require. と説明されている。「進行中のコスト削減策」の一環ということなので、「もっと効率化することを望んでいる」としている (C) が正解となる。

　このメールによると、スケルトン製薬社はなぜ新入社員の人数を削減したのですか。
　(A) プロジェクト予算が少なくなった。
　(B) 面接プロセスを変更しようとしている。
　(C) もっと効率化することを望んでいる。
　(D) 全体の規模を縮小する計画をしている。

3. 正解：(D)　単語の意味　★★

検索 Point!　「transition」の文脈での意味を探る。

解説　transition が使われた文は We will issue ID badges and orientation materials as they transition into full staff members. である。前半の「ID バッジとオリエンテーション素材を支給する」もヒントになる。そうするのは「彼ら（＝新入社員）が正社員になるとき」なので、transition は「変化する；移行する」の意味で使われていることがわかる。(D) の develop には「進展する」の意味があるので、これを選ぶ。

　第3パラグラフ4行目の「transition」に意味が最も近いものはどれですか。
　(A) 話し合う
　(B) 言い張る
　(C) 制御する
　(D) 進展する

Correct Answers ❷レター

検索ポイント＋日本語訳
設問 4 〜 6 は次のレターに関するものです。

ヴィンセンゾ・モリネッリ　ソートン市役所　1月22日

ローズ・フランクリン　オーナー　タービン道具・金物店

フランクリン様

市は貴社が敷地を拡張する工事を行うことを仮承認した旨をお知らせいたします。
　　　　　　　　↑ **Q4** レターの目的　　　　　　　　　　　　　　　　**Q5** クランコウスキさんの職業
市当局は、この工事を実行する建設会社であるデルマー社の事業実績を検討しました。ポーリーン・クランコウスキが創業した同社は、市内で他のプロジェクトの建設を数多く手がけてきました。そこで、市当局は同社が貴社の工事を安全に、承認された仕様の範囲内で完了できると確信しています。

　　　　　　　　　　　　↑ **Q4** レターの目的　　　　　　**Q6** 安全担当職員の検査の場所
貴社は 2 月 1 日以降、建設を進めることができます。市の安全・労働係官が建設地域を定期的に訪問し、貴社が関連規則のすべてを遵守しているかどうか確認することがあります。これら係官は、もしこうした規則の違反が見つかった場合には、建設を中止させる権限を与えられています。

ご質問がありましたら、私の方にご連絡ください、

敬具
ヴィンセンゾ・モリネッリ
認可局長 ← **Q4** レターの目的
建設局　ソートン市

ボキャブラリー

- **hardware** 图 金物類
- **carry out** 〜を実行する
- **premises** 图 敷地
- **credentials** 图 資格
- **founder** 图 創立者
- **firm** 图 会社
- **proceed with** 〜を進める
- **in compliance with** 〜を遵守して
- **be empowered to** 〜する権限を与えられている
- **suspend** 他 中止する
- **promote** 他 宣伝する
- **negotiator** 图 交渉担当者
- **bureau** 图 部局
- **provisionally** 副 一時的に
- **expand** 他 拡張する
- **review** 他 検討する
- **perform** 他 実行する
- **numerous** 形 数の多い
- **specifications** 图 仕様
- **periodically** 副 定期的に
- **relevant** 形 関連する
- **authorize** 他 承認する
- **labor union** 労働組合
- **safety personnel** 安全担当職員
- **worksite** 图 作業現場

正解・解説

4. 正解：(B)　文章の目的　★

検索Point!「レターの目的」を探る。

解説　冒頭で I am pleased to inform you that the city has provisionally agreed to allow you to carry out construction to expand your premises. として、「市は貴社が敷地を拡張する工事を行うことを仮承認した」と伝えている。また、第3パラグラフの頭でも You may proceed with the construction after February 1. （貴社は2月1日以降、建設を進めることができる）と具体的な日程を確認している。「手続きを承認すること」とする (B) が最適。レターの書き手の肩書きである Permits Officer（認可局長）も参考になる。

このレターの主な目的は何ですか。
(A) 支払いを求めること
(B) 手続きを承認すること
(C) 詳細な情報を求めること
(D) サービスを宣伝すること

5. 正解：(C)　ピンポイント情報　★

検索Point!「Krankowski（クランコウスキ）の職業」を探す。

解説　Krankowski の名前は第2パラグラフに出てきて、Delmar Incorporated. Led by its founder, Pauline Krankowski, と説明されている。founder は「創業者；創設者」で、led by は「〜に率いられた」なので、彼女は「創業社長」であるとわかる。(C) の「会社のトップ」が正解。

クランコウスキさんはどんな人でしょうか。
(A) 市政府の職員
(B) プロジェクトの分析官
(C) 会社のトップ
(D) 労働組合の交渉担当者

6. 正解：(D)　ピンポイント情報　★

検索Point!「安全担当職員が検査を行う場所」を探す。

解説　safety personnel（安全担当職員）については、第3パラグラフに City safety and labor officials may visit the construction zone と、労務担当職員とともに「建設現場」を訪問すると書かれている。これを言い換えた (D) の「屋外の労働現場で」が正解である。

このレターによると、安全担当職員の検査はどこで行われますか。
(A) コンプライアンス事務局で
(B) 仕様管理部で
(C) 規則事務局で
(D) 屋外の作業現場で

Correct Answers ❸告知

検索ポイント＋日本語訳

設問 7 〜 9 は次の告知に関するものです。

サマービュー公園
ご案内

3月23日日曜日から約3週間にわたり、当公園は閉鎖となります。

この期間に当公園では、低木、草、枝葉の刈り込みを行います。我々はまた、公園内の生育しきった樫、ブナ、トネリコの木を取り除きます。これら木々は年老いて弱くなっており、最近、森林検査官から倒木の危険があると指摘されていました。したがって、そうした木々は撤去されなければなりません。この作業は、経験豊富な保全監督官の監視の下で行われます。可能な限り、これら老木は再生紙に転換します。

Q7 公園プロジェクトの結果、起こること

このプロジェクトのため、我々はチェーンソー、積み込み重機、輸送車両を持ち込みます。また、撤去が予定されている何本かの木は、ハイキング道、ピクニック場、運動場の近くにあります。こうしたことをすべて考慮すると、市民の安全のために公園の閉鎖は不可欠です。

Q8 公園が閉鎖される理由　　**Q9** さらに詳しい情報

さらに詳しい情報については、www.summerview_park1.org.をご覧ください。公園訪問者のブースおよび情報サービス窓口も、上記の日程で閉鎖となります。

掲示責任者：エステン市作業課
協力：森林庁

ボキャブラリー

- **approximately** 副 およそ
- **bush** 名 低木
- **foliage** 名 枝葉
- **mature** 形 生育した
- **beech** 名 ブナ
- **mark** 他 指摘する
- **forestry inspector** 森林検査官
- **conservation** 名 保存；保護
- **convert** 他 転換する
- **heavy loading equipment** 積み込み重機
- **transportation vehicle** 輸送車両
- **in collaboration with** 〜に協力して
- **seeds** 名 種
- **install** 他 設置する
- **trim** 他 剪定（せんてい）する
- **grass** 名 草
- **remove** 他 取り除く
- **oak** 名 カシ
- **ash** 名 トネリコ
- **fall over** 倒れる
- **supervision** 名 監督
- **to the extent possible** 可能なかぎり
- **chainsaw** 名 チェーンソー
- **post** 他 掲示する
- **Ministry of Forestry** 森林庁
- **onsite** 形 現場にいる

正解・解説

7. 正解：(A)　NOT 問題　★★

検索Point!「プロジェクトの結果、起こらないこと」を探す。

解説　(B) の「資格のある作業員が現場に入る」は This work will be done under the supervision of experienced conservation officers. に、(C) の「老木はこの地域から撤去される」は These have grown weak with age ... Therefore, they must be taken away. に、(D) の「再生素材が作られる」は these older trees will be converted to recyclable paper にそれぞれ対応する。(A) の「さまざまな新しい種子が撒かれる」だけが記述がないので、これが正解となる。

　このお知らせによると、サマービュー公園のプロジェクトに起因して起こらないことは何ですか。
　(A) さまざまな新しい種子が撒かれる。
　(B) 資格のある作業員が現場に入る。
　(C) 老木はこの地域から撤去される。
　(D) 再生素材が作られる。

8. 正解：(B)　ピンポイント情報　★

検索Point!「公園が閉鎖される理由」を探す。

解説　「公園の閉鎖」という表現は、第3パラグラフに Considering all this, closure of the park for citizen safety reasons is a necessity. と出てくる。「市民の安全のため」に公園は閉鎖されるのである。これを「一般市民の安全を確保するため」と言い換えた (B) が正解である。

　なぜ公園は閉鎖されるのですか。
　(A) 保全監督官を訓練するため
　(B) 一般市民の安全を確保するため
　(C) 年老いた観葉植物を交換するため
　(D) 新しい設備を設置するため

9. 正解：(A)　ピンポイント情報　★

検索Point!「さらに詳しい情報を知る場所」を探す。

解説　第4パラグラフに For more information visit us at www.summerview_park1.org. と書かれていて、ウェブで知ることができる。(A) の「ウェブサイトで」が正解。

　このプロジェクトについて、さらに詳しい情報を人々はどこで知ることができますか。
　(A) ウェブサイトで
　(B) 訪問者ブースで
　(C) 情報窓口で
　(D) 森林庁で

Column 1
メール・告知のキーワード

- **appreciate** 他 感謝する
- **regarding** 前 〜について
  * **concerning**、**with regard to** なども同様の意味で使う。
- **inquiry** 名 問い合わせ
- **complaint** 名 クレーム；不服
- **invitation** 名 招待(状)
- **disregard** 他 無視する
- **reminder** 名 思い出させるもの；督促状
- **draft** 名 草案
- **renovation** 名 改修；リフォーム
  * **refurbishment** も同様の意味。
- **resume** 他 再開する；再び始める
- **inconvenience** 名 不便
- **patience** 名 忍耐
- **confirm** 他 確認する
- **cordially** 副 心から；心を込めて
- **regrettably** 副 残念ながら
- **preferably** 副 できれば；なるべく
- **a token of** 〜のしるしとして
- **without further notice** さらに通知がなければ

DAY 3

シングルパッセージ

スマホ系

	（問題）	（正解）
❶ メッセージチェーン	36	42
❷ メッセージチェーン	38	44
❸ チャットディスカッション	40	46

スマホ、タブレットなどで交わされるメッセージを素材とした新形式の問題です。主に仕事の同僚や上司・部下の間で行われるもので、短いメッセージが何度もやりとりされるのが特徴です。

🔑 ポイント

- ✓ 2人で交わされるメッセージチェーンと3人以上が参加するチャットディスカッションがある。
- ✓ 会話のようなカジュアルな英文。難語は出ないが、日常でよく使う口語表現が使われる。
- ✓ 発信者の「表現の意図」を問う設問が出る。
- ✓ 複数のメッセージを読まないと正解が導けない設問が多い。

Exercises

❶メッセージチェーン ▶ ❷メッセージチェーン ▶ ❸チャットディスカッション

Questions 1-3 refer to the following text message chain.

Barry Cutter — May 3, 8:05 A.M.
Have you completed that quality control report? I want to bring that to the department meeting on Tuesday.

Luciana Andrade — May 3, 8:06 A.M.
I've finished a draft. I'm still editing it and can e-mail you the final version by about 11 o'clock.

Barry Cutter — May 3, 8:08 A.M.
Can you give me a quick summary? What sticks out?

Luciana Andrade — May 3, 8:09 A.M.
The research indicates that we have a product defect rate about 3% higher than the industry average. Customers may soon start to notice.

Barry Cutter — May 3, 8:10 A.M.
That won't do. Anyway, send it to me as soon as you finish so that I can look it over.

1. What does Ms. Andrade indicate that she has already done?
   (A) Improved product quality
   (B) Transferred to another department
   (C) Partially done an assignment
   (D) Upgraded to another software version

2. What problem is mentioned by Ms. Andrade?
   (A) Industrial output is starting to slow down.
   (B) Current business research is outdated.
   (C) The biggest customers have complained.
   (D) The company is behind some competitors.

3. At 8:10 A.M., what does Barry Cutter mean when he writes, "That won't do"?
   (A) A result is unacceptable.
   (B) A plan is undeveloped.
   (C) Data is unreliable.
   (D) Information is insufficient.

Questions 4-6 refer to the following text message chain.

Terrance Paulson — October 26, 4:22 P.M.
I'm still out here in Omaha. Is everything fine back at the office?

Nadia Vasile — October 26, 4:23 P.M.
Sure. Everything, except for the photocopier. It has broken down twice this week. When that happens, it holds up work.

Terrance Paulson — October 26, 4:25 P.M.
That figures. We've been having that problem for over a year. The machine is too old. While I'm gone, I want you to shop around for a new one.

Nadia Vasile — October 26, 4:26 P.M.
Is there a particular brand or price limit I should keep in mind?

Terrance Paulson — October 28, 4:28 P.M.
I want to look at a wide range. We need to get something that will last for a long time.

Nadia Vasile — October 26, 4:31 P.M.
OK, I'll prepare maybe 5-6 options for you, and you can choose when you get back. It'll be up to you.

Terrance Paulson — October 26, 4:33 P.M.
Be certain to include Rebecca Lee. I want her input as well on the options you submit.

Nadia Vasile — October 26, 4:34 P.M.
That makes perfect sense. Someone like her from IT could provide some real expertise.

4. Why is work being delayed in the main office?
   (A) A device is out of order.
   (B) A price is still too high.
   (C) A document needs approval.
   (D) A shop is out of a brand.

5. At 4:31 P.M., what does Nadia Vasile mean when she writes, "It'll be up to you?"
   (A) A question is answered.
   (B) A plan is confirmed.
   (C) A choice is possible.
   (D) An opinion is correct.

6. What is suggested about Rebecca Lee?
   (A) She left the IT department.
   (B) She removed a machine.
   (C) She has special knowledge.
   (D) She needs more experts.

Questions 7-10 refer to the following online chat discussion.

ONLINE CHAT

▶ **Brenda Phillips** 2:43 P.M.
The internal audit last week did not meet my expectations. I had hoped for more. So how can we do better?

▶ **Jin-seuk Kang** 2:44 P.M.
Actually, we scored well in a lot of areas, such as doctor techniques.

▶ **Brenda Phillips** 2:45 P.M.
I'm thinking about our issues in information management. Bobby Holmes is an expert in that area.

▶ **Lakshmi Chopra** 2:46 P.M.
Right. We need patient data better organized, so that medical staff from any relevant medical department can access it.

▶ **Mary Hill** 2:48 P.M.
We already have that, but the system is just a little slow sometimes, or breaks down. We could consider upgrading it.

▶ **Brenda Phillips** 2:51 P.M.
I don't know about that. Apart from the cost, it would be very complex--and very demanding on your department in terms of time.

▶ **Orlando Rodriguez** 2:53 P.M.
We should outsource the entire data management function. There are quite a few firms that could help us.

▶ **Brenda Phillips** 2:56 P.M.
I like that idea. I want all of you to get together with Bobby Holmes to write up a detailed plan on that.

7. At 2:43 P.M., what does Ms. Phillips mean when she writes, "I had hoped for more"?
(A) A core product was defective.
(B) A payment was too low.
(C) A time period was short.
(D) A performance was lacking.

8. What problem does Ms. Phillips mention?
(A) Delayed services
(B) System inefficiencies
(C) Operations mistakes
(D) Lost shipments

9. According to the discussion, whose department could receive the highest burden?
(A) Jin-seuk Kang's department
(B) Lakshmi Chopra's department
(C) Mary Hill's department
(D) Orlando Rodriguez's department

10. What does Ms. Phillips ask the staff to do?
(A) Access a database
(B) Install an upgrade
(C) Review her plan
(D) Cooperate on a project

Correct Answers　❶メッセージチェーン

検索ポイント＋日本語訳

設問 1 ～ 3 は次のテキストメッセージチェーンに関するものです。

バリー・カッター　5月3日午前8:05
あの品質管理のリポートを完了したかい？　火曜日の部の会議に持って行きたいんだ。

ルチアナ・アンドラード　5月3日午前8:06
草稿を書き終えたわ。まだ編集しているところだけど、11時くらいまでに最終版をメールで送れるわ。
　　　↑ **Q1** Andrade さんが終えたこと

バリー・カッター　5月3日午前8:08
簡単に要約してくれないかな。ポイントは何なの？

ルチアナ・アンドラード　5月3日午前8:09
調査によると、私たちの製品の不良品率が業界標準より3％高くなっているということね。顧客はすぐに気づくことになるでしょう。　↑ **Q2** Andrade さんが指摘している問題

バリー・カッター　5月3日午前8:10
それはよくないね。とにかく、終わったらすぐに送ってほしい。検討してみるよ。
　　　↑ **Q3**「That won't do.」の意図

ボキャブラリー

- **complete** 動 完了する
- **draft** 名 下書き
- **stick out** 目立つ；重要である
- **defect rate** 不良品率
- **improve** 動 改善する
- **partially** 副 部分的に
- **industrial output** 工業生産
- **unacceptable** 形 受け入れがたい
- **insufficient** 形 不十分な
- **quality control** 品質管理
- **summary** 名 要約
- **indicate** 動 示す
- **won't do** よくない
- **transfer** 動 異動させる
- **assignment** 名 仕事；業務
- **current** 形 現在の
- **unreliable** 形 信頼できない

正解・解説

1. 正解：(C)　ピンポイント情報　★

検索 Point!「Andrade（アンドラード）さんが終えたこと」を探す。

解説 Cutter（カッター）さんが Have you completed that quality control report?（品質管理レポートを終えたか）と聞いたのに対して、Andrade さんは「draft（草稿）を終えて、今編集しているところだ」と答えている。「仕事を部分的に終えた」とする (C) が正解。

　アンドラードさんは何をすでにしたと言っていますか。
　(A) 製品の品質を改善した
　(B) 他の部に移った
　(C) 仕事を部分的に終えた
　(D) 別のソフトのバージョンにアップグレードした

2. 正解：(D)　関連情報　★★

検索 Point!「Andrade さんが指摘している問題」を探す。

解説 Andrade さんの2回目のメッセージにある we have a product defect rate about 3% higher than the industry average に注目。「製品の不良品率が業界標準より高い」のが問題で、これを「この会社は競合他社に後れを取っている」と言い換えた (D) が正解となる。

　どんな問題がアンドラードさんに指摘されていますか。
　(A) 工業生産量が落ち込み始めている。
　(B) 現在の業務調査は時代遅れである。
　(C) 大口顧客がクレームをつけている。
　(D) この会社は競合他社に後れを取っている。

3. 正解：(A)　表現の意図　★★

検索 Point!「That won't do.」の意図を探る。

解説 Cutter さんの That won't do. は、Andrade さんの発言 Customers may soon start to notice.（顧客はすぐに［不良品率が高いことに］気づくだろう）に対応している。つまり、Cutter さんは「顧客が気づくことはよくない」と、ネガティブな反応をしているのである。近いのは、(A)「結果は受け入れがたい」である。

　午前8:10 A.M. にバリー・カッターが「That won't do.」と書くとき、彼は何を意味していますか。
　(A) 結果は受け入れがたい。
　(B) 計画はまだ途上である。
　(C) データは信頼できない。
　(D) 情報は不十分だ。

Correct Answers ❷メッセージチェーン

検索ポイント＋日本語訳

設問 4 ～ 6 は次のテキストメッセージチェーンに関するものです。

テランス・ポールソン　10月26日午後4:22
私はまだオマハなんだ。会社のほうはすべて順調かな。

ナディア・ヴァシル　10月26日午後4:23
ええ。コピー機以外はすべて順調です。コピー機は今週2回故障しました。そうなると、仕事がとまってしまいます。　↰ **Q4** 本社で仕事が遅れている理由

テランス・ポールソン　10月26日午後4:25
それは問題だね。私たちは1年以上もその問題に悩まされているね。機械は古すぎる。私が出張中に、新しいものを物色してほしいね。

ナディア・ヴァシル　10月26日午後4:26
具体的なブランドとか価格の上限とか、お考えのものはありますか。

テランス・ポールソン　10月26日午後4:28
広い範囲のものを見たいね。長く使えるものがいいだろう。

ナディア・ヴァシル　10月26日午後4:31
わかりました、5つか6つの選択肢を用意するので、戻ってから決めてください。決めるのはお任せします。　　　　**Q5**「It'll be up to you.」の意図 ↱

テランス・ポールソン　10月26日午後4:33
レベッカ・リーも加えてくれないかな。あなたが提出する選択肢について、彼女の意見も聞いてみたい。
　　↑
　　Q6 Rebecca Lee についての情報

ナディア・ヴァシル　10月26日午後4:34
それがいいですね。彼女のようなIT部門の人は実際に役立つ専門的な意見を言ってくれるでしょうから。

ボキャブラリー

- □ **except for**　～を除いて
- □ **That figures.**　なるほど；そうか
- □ **particular**　形 特定の；具体的な
- □ **input**　名 意見
- □ **expertise**　名 専門技能
- □ **confirm**　他 確認する
- □ **hold up**　～をとめる
- □ **shop around**　物色する
- □ **up to**　～が決められる；～次第である
- □ **submit**　他 提出する
- □ **approval**　名 承認

正解・解説

4. 正解：(A) ピンポイント情報 ★

検索Point! 「本社で仕事が遅れている理由」を探す。

解説 Paulson（ポールソン）さんが Is everything fine back at the office? と聞いているのに対して、Vasile（ヴァシル）さんは Everything, except for the photocopier. It has broken down twice this week. When that happens, it holds up work. と答えている。「コピー機の不調」が仕事が遅れる理由である。photocopier を device と言い換えて「機器が故障しているから」とする (A) が正解。

　本社の業務はなぜ遅れているのですか。
　(A) 機器が故障しているから。
　(B) 価格がすでに高すぎるから。
　(C) 書類に承認が必要だから。
　(D) 店にブランドがないから。

5. 正解：(C) 表現の意図 ★

検索Point! Vasile さんが「It'll be up to you.」と聞く意図を探る。

解説 この言葉の直前に Vasile さんは you can choose when you get back と「あなたが選択できる」と書いている。選択を Paulson さんに委ねているので、「選択が可能である」とする (C) が正解になる。なお、up to は「〜が決定できる；〜次第である」という意味。

　午後4:31にナディア・ヴァリスが「It'll be up to you.」と書くとき、彼女は何を意図していますか。
　(A) 質問に答えてもらう。
　(B) 計画を確認してもらう。
　(C) 選択が可能である。
　(D) 意見は正しい。

6. 正解：(C) 関連情報 ★★

検索Point! 「Rebecca Lee（レベッカ・リー）についての情報」を探す。

解説 Rebecca については、最後に Vasile が Someone like her from IT could provide some real expertise. と書いている。expertise は「専門技能」で、Rebecca は「ITの専門技能がある」ということ。これを「彼女は特別な知識を持っている」と言い換えている (C) が正解。なお、彼女は (A) のように「IT部を離れた」わけではない。

　レベッカ・リーについて何がわかりますか。
　(A) 彼女はIT部を離れた。
　(B) 彼女は機械を撤去した。
　(C) 彼女は特別な知識を持っている。
　(D) 彼女は専門家をさらに必要とする。

Correct Answers　❸チャットディスカッション

検索ポイント＋日本語訳

設問 7 〜 10 は次のオンライン・チャットディスカッションに関するものです。

ブレンダ・フィリップス　午後2:43
先週の社内監査は私の期待通りではなかったですね。もっと期待していたのですが。どうすれば、さらにいい運営ができるでしょう？

→ **Q7**「I had hoped for more.」の意図

ジンスーク・カン　午後2:44
実際には、多くの分野で、例えば医師の技術では、我々はよくやっています。

ブレンダ・フィリップス　午後2:45
私は情報管理の問題を考えています。ボビー・ホームズはこの分野の専門家ですね。

Q8 Phillips さんが指摘する問題

ラクシュミ・チョプラ　午後2:46
そうです。我々は、関連する医療部門の医療スタッフがアクセスできるように、患者のデータをしっかり構築する必要があります。

メアリー・ヒル　午後2:48
我々にはすでにそれがあるのですが、システムが少し遅いことがあったり、使えなくなることがありますからね。刷新すべきでしょう。

ブレンダ・フィリップス　午後2:51
私はそれについてはよくわかりません。コストはさておき、それは非常に複雑で、時間的にあなたの部門にとてもきついものになるでしょう。

→ **Q9** 最も大きな負担を受ける部門

オーランド・ロドリゲス　午後2:53
我々はすべてのデータ管理の仕事を外部委託すべきでしょう。我々を支援してくれる会社が数多くありますよ。

ブレンダ・フィリップス　午後2:56
その考えに賛成ね。皆さん全員がボビー・ホームズと協力して、それについての詳細な計画を作成してください。

→ **Q10** Phillips さんがスタッフに頼むこと

ボキャブラリー

- **internal audit**　内部監査
- **score well**　よくやっている
- **patient**　患者
- **break down**　故障する
- **in terms of**　〜の点で
- **quite a few**　かなり多くの
- **defective**　欠陥がある
- **expectation**　期待
- **issue**　問題
- **relevant**　関連する
- **demanding**　仕事がきつい
- **entire**　すべての
- **get together**　協力する
- **shipment**　配送

正解・解説

7. 正解：(D) 表現の意図 ★★

検索 Point! 「I had hoped for more.」の意図を探る。

解説 選択肢はすべてネガティブな意味なので、期待はずれだった内容を探す必要がある。Phillips さんは2回目の発言で「情報管理の問題」を指摘している。続く発言を見ていっても、(A)「主力商品の欠陥」、(B)「支払いの遅延」、(C)「期間の不足」に対応する記述はないので、いずれも誤り。(D)「実績が伴っていなかった」しか適切なものはない。

　午後2:43に、フィリプスさんが「I had hoped for more.」と書くとき、彼女は何を意図していますか。
　(A) 主力製品に欠陥があった。
　(B) 支払いが遅すぎた。
　(C) 期間が短かった。
　(D) 実績が伴っていなかった。

8. 正解：(B) ピンポイント情報 ★

検索 Point! 「Phillips さんが指摘する問題」を探す。

解説 problem に似た単語 issues が Phillips さんの2回目の発言で使われている。I'm thinking about our issues in information management. と書いていて、「情報管理」が問題だとわかる。それに関連して、Hill（ヒル）さんは「そのシステムは少し遅いことがあったり、使えなくなることがありますからね。刷新すべきでしょう」と指摘している。(B)「システムの非効率」が正解。

　フィリプスさんはどんな問題を指摘していますか。
　(A) 遅れているサービス
　(B) システムの非効率
　(C) 運営のミス
　(D) 配送品の紛失

9. 正解：(C) ピンポイント情報 ★

検索 Point! 「最も大きな負担を受ける部門」を探す。

解説 Phillips さんは、Hill さんの発言の後で、「コストはさておき、それは非常に複雑で、時間的にあなたの部門にとてもきついものになるでしょう」と書いている。つまり、最も大きな負担を受けるのは Hill さんの部門。よって、(C) が正解。

　この話し合いによると、だれの部門が最も大きな負担を受けることになるでしょうか。
　(A) ジンスーク・カンの部門
　(B) ラクシュミ・チョプラの部門
　(C) メアリー・ヒルの部門
　(D) オーランド・ロドリゲスの部門

10. 正解：(D)　ピンポイント情報　★★

検索 Point!　「Phillips さんがスタッフに頼むこと」を探す。

解説　Phillips さんの最後の発言に I want all of you to get together with Bobby Holmes to write up a detailed plan on that. とある。get together は「一緒にやる；協力する」という意味なので、「プロジェクトで協力する」としている (D) が正解。

フィリプスさんはスタッフに何をするように求めていますか。
(A) データベースにアクセスする
(B) 最新版をインストールする
(C) 彼女の計画を検討する
(D) プロジェクトで協力する

DAY 4

シングルパッセージ

広告系

	（問題）	（正解）
❶ 製品広告	50	56
❷ オンライン広告	52	58
❸ 施設広告	54	60

広告は毎回必ず出題されます。製品、旅行、レストランなど、さまざまな広告が出ますが、大半は読みやすいもので、Part 7 の最初に出題されることも多くなっています。マルチプルパッセージにもよく組み込まれます。

ポイント

- ✓ 「商品広告」では「商品の特徴・内容・仕様」がよく問われる。
- ✓ 「バーゲン」の場合には、「割引」「特典」「バーゲン期間」「詳細情報へのアクセス法」などが設問のターゲットになる。
- ✓ 「求人広告」では、候補者の「資格・経験・能力」などが列記され、これらの情報が問われる。
- ✓ 情報が散っている「関連情報」問題が組み込まれることが多くなっている。

Exercises

❶製品広告 ▶ ❷オンライン広告 ▶ ❸施設広告

Questions 1-3 refer to the following product advertisement.

From MeglaK the security experts!
Zintel X9 Home and Small Business Computer Security Software

In a recent survey 97% of people who bought the Zintel X9 said they would recommend it to others!

The Zintel X9 is our most sophisticated software yet for home and small business use. It offers you almost unlimited security, customized to your needs. With it, you can block any unwanted intruder from accessing your precious personal data.

This product is invaluable for the small businessperson or professional. With this product you can prevent viruses from destroying your work. Digital folders containing customer invoices, client presentations or market analyses can all be protected. At home you can make sure those irreplaceable digital vacation or holiday photos, school videos and personal e-mails are kept safe and secure. For added peace of mind, our home version also has parental controls to make sure that children are not viewing unsuitable Web content. You can also monitor how much time they are spending online by reviewing our exclusive and proprietary UseLog function.

| Score 600 | 11min. | Score 730 | 10min. | Score 860 | 9min. |

1. What feature does the advertisement emphasize?
   (A) Low price
   (B) Easy installation
   (C) Exceptional performance
   (D) Quick profitability

   Ⓐ Ⓑ Ⓒ Ⓓ

2. The word "intruder" in paragraph 2, line 4 is closest in meaning to
   (A) trespasser
   (B) defendant
   (C) accuser
   (D) liar

   Ⓐ Ⓑ Ⓒ Ⓓ

3. What is indicated about the UseLog function?
   (A) It was secured by the government.
   (B) It was privately developed.
   (C) It was monitored by competitors.
   (D) It was popular among children.

   Ⓐ Ⓑ Ⓒ Ⓓ

Questions 4-6 refer to the following online advertisement.

www.jobs2unow.net/position18943/mg-dnr-mngr/

Maggie's Diner Co. — Outlet Managers Wanted

As an expanding chain, we are looking for recent university graduates to enter our management training course. Applicants will need to be enthusiastic, hard working and able to socialize with all types of people. Full training will be provided but applicants with some work history in the catering or hospitality industry are preferred.

Applicants accepted into the course will firstly be required to complete a 3-month period as line workers serving customer tables or kitchens. Those who successfully finish that period will be assigned as assistant managers at various restaurants.

To apply please download an application from this site. Completed documents should be submitted by April 14. Because of the high level of expected responses, we regret that we cannot accept postal or telephone inquiries. Please do not approach managers in our diners about these openings as they will be unable to help you.

Posted on: March 3

4. What is mainly being advertised?
   (A) A restaurant opening
   (B) A recruiter position
   (C) A Web researcher job
   (D) A development program

5. According to the advertisement, who is preferred?
   (A) Staff with extensive training experience
   (B) Applicants who have worked in universities
   (C) Individuals with service backgrounds
   (D) Current employees of Maggie's Diner Co.

6. What are interested people invited to do?
   (A) Visit a restaurant
   (B) Call for an account number
   (C) Fill out a form
   (D) Post their opinions

Questions 7-9 refer to the following advertisement.

Tacshin District Community Center
www.tacshincommunity.org

Cooking Healthy Dishes

It is often difficult to eat balanced meals during a normal busy day. Yet, it is crucial to eat right to maintain a healthy weight, avoid illness and stay productive. That is why it is always best to avoid fast food, instead preparing one's own whenever possible.

In line with this, we are holding healthy cooking classes at our center from June 9-15. Each class is three hours long and covers a variety of cooking skills and dishes. Attendees will learn how to prepare great-tasting meals in under 30 minutes, along with preparing certain dishes that can be stored in cabinets or refrigerators and eaten later or packed in lunchboxes. We know that more and more people are interested in learning how to cook vegetarian meals instead of those containing meat. The June 13 course is unique as it covers that topic.

The fee for the courses is only €60 per person and is payable either at the door or at www.tacshincommunity.org/cookingcourse/. There is space only for the first 200 who register, with entry closed after that point. Those interested in this program are encouraged to act early.

7. What is mainly being advertised?
   (A) A new food product
   (B) A line of kitchenware
   (C) An educational series
   (D) A school opening

   Ⓐ Ⓑ Ⓒ Ⓓ

8. According to the advertisement, why will June 13 be a special day?
   (A) The dishes will be tasted.
   (B) The cabinets will be demonstrated.
   (C) The subject will be different.
   (D) The fee will be lower.

   Ⓐ Ⓑ Ⓒ Ⓓ

9. What restriction does the advertisement mention?
   (A) Attendance is confined to current students.
   (B) Studying is only available online.
   (C) Entry is denied to those without ID.
   (D) Room for participants is limited.

   Ⓐ Ⓑ Ⓒ Ⓓ

Correct Answers ❶製品広告

検索ポイント＋日本語訳

設問 1 〜 3 は次の製品広告に関するものです。

セキュリティのエキスパート、MegIaK から
家庭およびソーホー向けビジネスコンピュータ・セキュリティソフト、Zintel X9

最近の調査では、Zintel X9 を購入した人の 97％ が他の人に推薦したいと言っています！

Q1 広告が強調する特徴
Zintel X9 は家庭およびソーホービジネス向けの従来で最高性能のソフトです。ほぼ無制限のセキュリティを要望に応じてカスタマイズして提供します。このソフトがあれば、迷惑な侵入者があなたの貴重なデータにアクセスするのを防止できます。
Q2 「intruder」の文脈での意味

この製品は、小規模事業者や専門職業人にきわめて貴重なものです。この製品によって、ウイルスが業務を破壊するのを食い止められます。顧客の請求書、クライアントの紹介資料、市場分析を含むデジタルフォルダが保護できるのです。家庭では、かけがえのない休暇旅行や休日のデジタル写真、学校のビデオ、個人メールが安全に保護されます。さらに安心なことに、当社の家庭版にはペアレンタル・コントロールが付いていて、お子様が不適切なウェブ・コンテンツを見ないようにすることができます。また、当社独占の所有権がある UseLog 機能をチェックすることで、お子様がどれくらいの時間ネットで過ごしたかをモニターできます。
Q3 UseLog 機能

ボキャブラリー
- **survey** 图 調査
- **unlimited** 厖 制限のない
- **unwanted** 厖 迷惑な
- **precious** 厖 貴重な
- **prevent 〜 from ...** 〜が…するのを防ぐ
- **invoice** 图 請求書
- **parental controls** ペアレンタル・コントロール ＊未成年者のアクセス制限
- **unsuitable** 厖 不適切な
- **proprietary** 厖 独占権を持つ
- **trespasser** 图 侵入者
- **accuser** 图 告発者
- **sophisticated** 厖 精巧な
- **block** 働 防止する
- **intruder** 图 侵入者
- **invaluable** 厖 非常に貴重な
- **irreplaceable** 厖 かけがえのない
- **exclusive** 厖 排他的な
- **exceptional** 厖 例外的な；優秀な
- **defendant** 图 被告

正解・解説

1. 正解：(C) ピンポイント情報 ★★

検索 Point! 「この広告が強調する特徴」を探す。

解説 広告の本文では、our most sophisticated software yet、almost unlimited security, customized to your needs、you can prevent viruses from destroying your work など、一貫してこの製品の「機能」が紹介されている。したがって、「優秀な機能」とする (C) が最適である。

この広告はどんな特徴を強調していますか。
(A) 低価格
(B) 簡単なインストール
(C) 優秀な機能
(D) すばやい収益性

2. 正解：(A) 単語問題 ★★

検索 Point! 「intruder」の文脈での意味を探る。

解説 With it, you can block any unwanted intruder from accessing your precious personal data. とある。「このソフトがあれば、迷惑な〜があなたの貴重なデータにアクセスするのを防止できる」という文脈なので、intruder は「侵入者」の意味で使われている。(A)「trespasser (侵入者)」が正解である。

第2パラグラフ4行目の「intruder」に最も意味が近いものはどれですか。
(A) 侵入者
(B) 被告
(C) 告発者
(D) うそつき

3. 正解：(B) 関連情報 ★★

検索 Point! 「UseLog function について書かれていること」を探す。

解説 最後の文に You can also monitor how much time they are spending online by reviewing our exclusive and proprietary UseLog function. とある。exclusive and proprietary は「独占的で所有権を確保する」という意味で、「それは独自に開発された」とする (B) に対応する。

UseLog 機能について、何が示されていますか。
(A) それは政府に保証された。
(B) それは独自に開発された。
(C) それは競合会社にモニターされた。
(D) それは子供たちの間で人気があった。

Correct Answers ❷オンライン広告

検索ポイント＋日本語訳
設問 4 〜 6 は次のオンライン広告に関するものです。

www.jobs2unow.net/ position18943/ mg-dnr-mngr/

マギーズ・ダイナー社　店舗マネジャー募集

Q4 広告の主対象

拡大しているチェーンである当社は、最近大学を卒業した人を対象に管理職育成コースの参加者を募集しています。応募者は情熱があり、懸命に働き、あらゆるタイプの人と接することが求められます。全般的な研修が提供されますが、応募者はケータリングまたは接客業でいくらかの経験のあることが望まれます。

Q5 優遇される人

コースに受け入れられた応募者はまず、お客様のテーブルやキッチンを担当する現場スタッフを３カ月間務めなければなりません。この期間を無事終了した人は、さまざまなレストランにアシスタントマネジャーとして配属されます。

Q6 応募者が勧められること

応募される方は、このサイトから応募フォームをダウンロードしてください。記入した書類は４月14日までに提出してください。応募が殺到することが予想されますので、郵便または電話でのお問い合わせには応じかねます。この募集について当店のマネジャーはお役には立てませんので、お問い合わせはお控えください。

掲示日：３月３日

ボキャブラリー
- **outlet** 名 店舗
- **chain** 名 チェーン店（事業）
- **applicant** 名 応募者
- **hospitality** 名 接客業；サービス業
- **line worker** 現場スタッフ
- **submit** 他 提出する
- **fill out** 〜に記入する
- **expand** 自 拡大する
- **university graduate** 大学卒業生
- **enthusiastic** 形 熱心な；没頭する
- **preferred** 形 望ましい
- **assign** 他 配属する
- **extensive** 形 広範囲の

正解・解説

4. 正解：(D) ピンポイント情報 ★

検索Point!「広告の主対象」を探す。

解説 冒頭に As an expanding chain, we are looking for recent university graduates to enter our management training course. とあり、大学卒業生を対象に「管理職育成コース」への応募を呼びかけている。第2パラグラフには「3カ月のコースを完了すると、レストランのアシスタントマネジャーとして配属される」とある。したがって、選択肢で最適なのは (D) の「能力開発プログラム」である。

何が主に宣伝されていますか。
(A) レストランの開店
(B) 求人担当者のポスト
(C) ウェブ・リサーチャーの仕事
(D) 能力開発プログラム

5. 正解：(C) ピンポイント情報 ★

検索Point!「優遇される人」を探す。

解説 preferred（望まれる）という言葉は、第1パラグラフの最後で applicants with some work history in the catering or hospitality industry are preferred と使われている。候補者は「ケータリングまたは接客業でいくらかの経験がある」ことが望ましい。これを「サービス業の経験のある個人」と言い換えた (C) が正解である。

広告によると、どんな人が望まれていますか。
(A) 広範囲の訓練経験のあるスタッフ
(B) 大学で働いた経験のある応募者
(C) サービス業の経験のある個人
(D) マギーズ・ダイナー社の現在の社員

6. 正解：(C) ピンポイント情報 ★

検索Point!「応募者が勧められること」を探す。

解説 最後のパラグラフに To apply please download an application from this site. Completed documents should be submitted by April 14. と書かれている。「申請フォームをダウンロードして、記入した書類を4月14日までに提出する」ということなので、これを簡略化して「フォームに記入する」とした (C) が正解。

関心のある人は何をすることを勧められていますか。
(A) レストランを訪れる
(B) 口座番号を求める
(C) フォームに記入する
(D) 意見を提出する

Correct Answers ❸施設広告

検索ポイント＋日本語訳

設問7～9は次の広告に関するものです。

タクシン地区コミュニティセンター
www.tacshincommunity.org

Q7 広告の主対象 → ヘルシー料理のクッキング

普段の忙しい日にバランスの取れた食事をすることはなかなか難しいものです。しかし、健康的な体重を維持し、病気を退け、生産性を保つためには適正な食事をとることが重要です。ですからファストフードを避け、できる限り自分で食事を用意することが常に最善の策と言えます。

この考えに沿って、6月9日から15日まで、当センターではヘルシー料理教室を開催します。各クラスは3時間で、さまざまな調理法や料理を紹介します。参加者は30分以内でとてもおいしい食事をつくる方法を学ぶほか、食器棚や冷蔵庫にしまっておいて、後で食べたり、お弁当箱に詰めたりできる料理の方法も学べます。肉類を含む料理ではなくベジタリアン料理をつくる方法を学びたいと思っている方がますます増えていることも承知しています。6月13日のコースはそのテーマを取り上げる唯一のものです。

Q8 June 13 が特別の日である理由

コースの参加費はお一人様わずか60ユーロで、当日でも www.tacshincommunity.org/cookingcourse/ でもお支払い可能です。先着200名様の参加枠しかありませんので、その時点で受付終了とさせていただきます。このプログラムに興味のある方は早めにお申し込みされることをお勧めします。

Q9 広告が示す制約

ボキャブラリー

- ☐ **crucial** 形 重要な
- ☐ **productive** 形 生産的な
- ☐ **in line with** ～と一致して
- ☐ **lunchbox** 名 弁当箱
- ☐ **instead of** ～ではなく
- ☐ **register** 自他 登録する
- ☐ **be encouraged to** ～することが勧められる
- ☐ **kitchenware** 名 台所用品
- ☐ **fee** 名 料金
- ☐ **deny** 他 否認する
- ☐ **maintain** 他 維持する
- ☐ **avoid** 他 避ける
- ☐ **refrigerator** 名 冷蔵庫
- ☐ **vegetarian meals** 菜食主義の食事
- ☐ **payable** 形 支払うことができる
- ☐ **demonstrate** 他 実演する
- ☐ **is confined to** ～に制限される
- ☐ **limited** 形 制限された

正解・解説

7. 正解：(C) ピンポイント情報 ★
検索 Point!「広告の主対象」を探す。
解説 タイトルには、Cooking Healthy Dishes（ヘルシー料理のクッキング）とある。また、第2パラグラフの冒頭には、In line with this, we are holding healthy cooking classes at our center from June 9-15. とあり、Each class is three hours long ... と続くことから、「料理クラス」の広告である。「一連の教育プログラム」としている (C) が適切。

 主に広告されているものは何ですか。
 (A) 新しい食品
 (B) 台所用品の製品ライン
 (C) 一連の教育プログラム
 (D) 学校の開校

8. 正解：(C) ピンポイント情報 ★★
検索 Point!「June 13 が特別の日である理由」を探す。
解説 June 13 は第2パラグラフの最後に The June 13 course is unique as it covers that topic. と出てくる。「その話題を含むことで特別」とあるが、that が指示語なので前文を見る。We know that more and more people are interested in learning how to cook vegetarian meals instead of those containing meat. とあり、「ベジタリアン料理の作り方が特別に行われる」のである。(C) の「テーマが異なる」が最適。

 この広告によると、6月13日はなぜ特別な日になるのですか。
 (A) 料理の試食がある。
 (B) 食器棚が展示される。
 (C) テーマが異なる。
 (D) 費用が安くなる。

9. 正解：(D) ピンポイント情報 ★
検索 Point!「広告が示す制約」を探す。
解説 restriction（制約）を示唆する表現としては、only が第3パラグラフに使われている。There is space only for the first 200 who register から、「参加枠の都合で先着200人に限られる」。space を room に言い換えて「参加枠が限られている」とする (D) が正解となる。

 広告はどのような制約について触れていますか。
 (A) 参加者は現在の生徒に限られる。
 (B) 学習はオンラインのみで行われる。
 (C) ＩＤを持っていない人の申し込みは拒否される。
 (D) 参加枠が限られている。

Column 2
求人広告のキーワード

- □ **applicant** 名 応募者；志願者
- □ **candidate** 名 候補者
- □ **résumé** 名 履歴書
  * **CV (curriculum vitae)** も同意。
- □ **expertise** 名 専門知識
- □ **qualification** 名 資格；能力
- □ **proficient** 形 熟達した
- □ **competent** 形 有能な；適任の
- □ **requirement** 名 要件
- □ **reference** 名 (応募者の)推薦人
- □ **assignment** 名 業務；割り当てられた仕事
- □ **competitive** 形 競争力のある
- □ **major** 名 専攻
- □ **allowance** 名 手当
- □ **probation** 名 見習い期間
- □ **personnel** 名 人材；人事部
  * **human resources** も同意。
- □ **colleague** 名 (職場の)同僚
- □ **help-wanted ad** 求人広告
- □ **report to** ～(上司)の下で働く
- □ **in charge of** ～を担当して
- □ **be entitled to** ～の権利(資格)がある

DAY 5

シングルパッセージ

フォーム系

	（問題）	（正解）
❶ スケジュール	64	70
❷ アンケート	66	72
❸ 出張日程	68	74

フォーム系には、スケジュール (schedule)、旅行計画 (itinerary)、申込用紙 (application form)、アンケート (questionnaire/survey)、請求書 (invoice)、明細書 (statement) などがある。マルチプルパッセージに組み込まれることも多い。

🔑 ポイント

- ✓ フォームや表はじっくり通して読む必要はない。設問で設定された情報を探すという読み方が効率的。
- ✓ フォーム・表の中に組み込まれた数字・情報を問う設問が出題される。
- ✓ 付属の説明文中にアンサーキーがある可能性もあるので、フォーム・表の外にも注意。
- ✓ 小さな文字で注記（アスタリスク＊で始まることが多い）が記載されていることがあるが、この注記がアンサーキーになることも。

Exercises

❶スケジュール ▶ ❷アンケート ▶ ❸出張日程

Questions 1-3 refer to the following e-mailed schedule.

From: c.lumonga@hepsworth.com
To: m.ustinov@hepsworth.com
Date: November 14, 9:15 A.M.
Subject: Schedule

Schedule for: Martina Ustinov, CFO, Hepsworth Industries
Prepared by: Charles Lumonga, Personal Assistant

Schedule for: Monday, November 17

9:00:   Lead Investment Committee Meeting

10:00: Videoconference with Linda Hampshire on results of factory cost-control measures

11:00: Interview of four applicants on shortlist for Senior Financial Analyst position

12:30: Lunch

1:30:   Brief meeting to update CEO, COO on likely financial results for current quarter

2:30:   Open

4:00:   Meeting with Joel Rubens on possible budget increase for broadcast and print advertising programs

5:30:   Meeting with department managers on tracking expenses

6:30:   Open/End Business Day

Scan icon ▓ to transfer to other digital appliances

1. When will Ms. Ustinov be speaking with job candidates on November 17?
   (A) At 10:00
   (B) At 11:00
   (C) At 1:30
   (D) At 5:30

2. According to the schedule, where is an increase in spending being considered?
   (A) In broadcasting equipment
   (B) In factory construction
   (C) In marketing campaigns
   (D) In expense tracking software

3. How may the schedule information be moved to other devices?
   (A) By closing an e-mail
   (B) By buying a scanner
   (C) By activating a function
   (D) By scrolling down the page

Questions 4-6 refer to the following questionnaire.

Thank you for using Samar Bookstore!

We would like to find out what shoppers think about us so we can serve them even better. As a token of our appreciation, those who answer the questions below will receive 10% off their next in-store or online purchase.* Simply fill out each of the fields below and then turn this form in at one of our customer service desks.

Name: Asmina Kashroo
Home phone number: (207) 374-8102
Cell phone number: (207) 428-0989
E-mail: asmina66@mid1mail.com

How often do you visit a Samar Bookstore outlet?
    Monthly or less frequently [ ]   Every other week [ ]
    Weekly or more frequently [√]

Which of the following do you visit or make use of in our stores (check all that apply)?
    Book aisles (including print, audio and e-books) [ ]   Coffee Shop [√]
    Free wireless systems [ ]   Magazine racks [√]   Video aisles [ ]

Have you visited our Web site?
    Yes [ ]   No [√]

If you answered "yes" to the question above, please check any of the below that you have purchased:

    Print books [ ]   Audio or e-books [ ]
    Newspapers or magazines [ ]   Videos [ ]

Comments: I always come to your bookstore to pick up the latest edition of Silver Land Entertainment Magazine, imported from New Zealand. I just wish you had more copies, as it is often sold out.

*Valid on all items, except refreshments.

4. Where should completed forms be submitted?
   (A) To an e-mail address
   (B) To survey developers
   (C) To facility employees
   (D) To newspaper editors

5. What is NOT mentioned on the form?
   (A) Membership statuses
   (B) Frequency of visits
   (C) Types of purchases
   (D) Discount restrictions

6. What does Ms. Kashroo complain about?
   (A) Difficulties in Web purchases
   (B) Shortages of some items
   (C) Overpriced imported magazines
   (D) Limited selections of refreshments

Questions 7-9 refer to the following itinerary.

Inspection Itinerary for: Lakshmi Chowdry
Chief Operations Officer
Sangway Fashion Co.

Prepared by: Carlton Ross
Personal Assistant

Dear Ms. Chowdry,

Please find the proposed itinerary for May 24, the date of your inspection of the Tegucigalpa textile factory of our primary supplier, Handen Industries.

Time	Activity	Local Principals and Escort	Notes	[Ms. Chowdry: Please type or write comments here]
9:00 A.M.	Morning meeting with senior executives	Factory Director Marcos Perez, Assistant Director Rigoberta Diaz	Overview of factory operations	
10:00 A.M.	Inspection of assembly lines	Operations Manager Renaldo Ortega	Special focus on upgraded equipment sections	*Would also like to see older sections*
Noon	Lunch	Mr. Perez and support staff	At Lonato Restaurant	
1:00 P.M.	Inspection of facility amenities	Human Resources Manager Javier Castillo	Will include fitness center, break room and first-aid clinic	*Would also like to get some time touring entire grounds*
2:30 P.M.	IT systems inspection	IT Manager Paul Garcia		
4:00 P.M.	Meeting with national standards compliance officers	Mr. Castillo, Labor Union head Imelda Arocho	Will include a demonstration of modern safety equipment and techniques	
5:30 P.M.	Dinner	Mr. Perez and support staff		

The other days of your trip through our Central America branch offices and partner corporations will be e-mailed to you within a few days of receiving approval of this part of your schedule.

Sincerely,
Carlton Ross

7. What information is NOT included in the itinerary?
   (A) The document creator
   (B) The travel expenses
   (C) The meeting participants
   (D) The meal times

   Ⓐ Ⓑ Ⓒ Ⓓ

8. Who most likely will take Ms. Chowdry to see safety facilities?
   (A) A local government official
   (B) An operations manager
   (C) A factory director
   (D) A worker representative

   Ⓐ Ⓑ Ⓒ Ⓓ

9. According to the itinerary, what change does Ms. Chowdry request?
   (A) Contacting a different supplier
   (B) Delaying a formal business approval
   (C) Reviewing some older machinery
   (D) Using a previous schedule

   Ⓐ Ⓑ Ⓒ Ⓓ

Correct Answers ❶製品広告

検索ポイント＋日本語訳

設問 1 ～ 3 は次のメールのスケジュールに関するものです。

発信者：c.lumonga@hepsworth.com
宛先：m.ustinov@hepsworth.com
日付：11月14日、午前9時15分
件名：スケジュール

スケジュール対象者：マルチナ・ウスティノフ、
　ヘプスワース・インダストリーズ最高財務責任者
準備担当者：チャールズ・ルモンガ、個人秘書

　　　　　　　11月17日月曜日のスケジュール

9:00 ： 投資委員会会議の司会
10:00： 工場の経費管理方策の結果について、リンダ・ハンプシャーとテレビ会議
11:00： 上級財務分析官の最終候補者4人との面接　←── **Q1** 仕事の候補者と話すとき
12:30： 昼食
1:30 ： CEO、COOに今四半期の予測財務実績の最新情報を伝える短い打ち合わせ
2:30 ： 予定なし
4:00 ： 放送および印刷媒体の広告プログラムについて、ジョエル・ルーベンスと予算増加の
　　　　可能性について会議　←── **Q2** 支出が増加するところ
5:30 ： 経費の状況について部門長と会議
6:30 ： 予定なし／業務終了

　　　　　　　　　　　　　　　　　Q3 転送する方法

このアイコン■をスキャンすれば、他のデジタル機器に転送できます。

ボキャブラリー

- **videoconference**　テレビ会議
- **shortlist**　最終候補者
- **budget**　予算
- **transfer to**　～に移動する
- **spending**　支出
- **cost-control measures**　経費削減策
- **current**　現在の
- **track**　追跡する
- **job candidate**　仕事の候補者
- **activate**　起動する

正解・解説

1. 正解：(B) ピンポイント情報 ★

検索Point! 「Ustinov（ウスティノフ）さんが候補者と話すとき」を探す。

解説 11:00: Interview of four applicants on shortlist for Senior Financial Analyst position とあることから、(B) の「11時」が正解。設問の job candidates が問題文では applicants になっている点に注意。

ウスティノフさんは11月17日のいつ仕事の候補者と話をしますか。
(A) 10時
(B) 11時
(C) 1時30分
(D) 5時30分

2. 正解：(C) ピンポイント情報 ★

検索Point! 「支出が増加するところ」を探す。

解説 4:00: Meeting with Joel Rubens on possible budget increase for broadcast and print advertising programs を参照。支出＝予算が増えるのは「放送および印刷媒体の広告プログラム」である。これを「マーケティング・キャンペーン」と言い換えた (C) が正解である。

このスケジュールによれば、支出の増加はどこで考えられていますか。
(A) 放送機器で
(B) 工場の建設で
(C) マーケティング・キャンペーンで
(D) 経費管理ソフトで

3. 正解：(C) ピンポイント情報 ★

検索Point! 「スケジュールの情報を他の機器に転送する方法」を探す。

解説 最後に Scan icon to transfer to other digital appliances という記述がある。「アイコンをスキャンして転送する」わけだが、「スキャンすることで転送する機能が起動する」と考えられるので (C) を選ぶ。他の選択肢はどれも記述がないので、消去法でも正解にたどりつけるだろう。

スケジュール情報はどうやって他の機器に転送できますか。
(A) メールを閉じることで
(B) スキャナーを買うことで
(C) ある機能を起動することで
(D) ページをスクロールダウンすることで

Correct Answers　❷アンケート

検索ポイント＋日本語訳

設問 4 〜 6 は次のアンケートに関するものです。

サーマー書店をご利用いただきありがとうございます！

お客様へのサービスをさらに向上させるために、お客様のお考えを知りたいと思います。下記の質問にお答えいただいたお客様には、感謝のしるしに次回の店頭またはネットでのご購入に10％の割引をさせていただきます。*

下記のそれぞれの空所にご記入いただき、このフォームを当社のいずれかの顧客サービス窓口にご提出ください。　← **Q4** フォームの提出場所

氏名：アスミナ・カシュルー
自宅電話番号：(207) 374-8102
携帯電話番号：(207) 428-0989
メール：asmina66@mid1mail.com

サーマー書店の店舗はどれくらいの頻度で訪れますか。　← **Q5** フォームに記述があるもの

　　1カ月に1回以下 [ ]　　2週間に1回 [ ]　　1週間に1回以上 [√]

当社の店舗で、次のどちらを訪問または利用しますか。（当てはまるものすべてにチェックしてください）

　　書棚（印刷物、オーディオ、電子ブックを含む）[ ]　　コーヒーショップ [ ]
　　無料の無線システム [ ]　　新聞ラック [√]　　映像商品の棚 [ ]

当社のウェブサイトを訪問したことがありますか。

　　はい [ ]　　　いいえ [√]

上記の質問に「はい」と答えた方は、下記で購入されたものをチェックしてください。

　　印刷物の本 [ ]　　オーディオまたは電子ブック [ ]
　　新聞または雑誌 [ ]　　映像商品 [ ]

Q6 Kashroo さんの不満

コメント：私はいつも、ニュージーランドから輸入されている「シルバーランド・エンタテインメント誌」の最新号を手に入れるために御社の書店に足を運んでいます。よく売り切れになっているので、もっと部数を揃えてほしいです。

* 軽食以外のすべての商品に有効です。

ボキャブラリー

- **as a token of**　〜のしるしとして
- **purchase**　動 購入
- **book aisles**　書棚
- **survey**　動 調査する
- **shortage**　名 不足
- **appreciation**　名 感謝
- **turn 〜 in**　〜を提出する
- **refreshments**　名 軽食
- **restriction**　名 制限
- **overpriced**　形 高い値段がつけられた

正解・解説

4. 正解：(C)　ピンポイント情報　★

検索 **Point!**　「記入したフォームの提出場所」を探す。

解説　アンケートの上の説明文に Simply fill out each of the fields below and then turn this form in at one of our customer service desks. と書かれている。submit が問題文では turn ～ in になっている点に注意。提出先は「顧客サービス窓口の1つ」なので、これを「施設の従業員」と言い換えた (C) が正解。

　記入したフォームはどこに提出すべきですか。
　(A) メールアドレスに
　(B) 調査の立案者に
　(C) 施設の従業員に
　(D) 新聞の編集者に

5. 正解：(A)　NOT 問題　★★

検索 **Point!**　「フォームに記述がないもの」を探す。

解説　(B) の「訪問の頻度」は How often do you visit a Samar Bookstore outlet? に、(C) の「買い物の種別」は please check any of the below that you have purchased: に、(D) の「ディスカウントの制限」は小さな書体の注意書き *Valid on all items, except refreshments. にそれぞれ対応する。(A) の「会員の身分」だけが記述がないのでこれを選ぶ。

　フォームでは何が述べられていませんか。
　(A) 会員の身分
　(B) 訪問の頻度
　(C) 買い物の種別
　(D) ディスカウントの制限

6. 正解：(B)　ピンポイント情報　★

検索 **Point!**　「Kashroo (カシュルー) さんの不満」を探す。

解説　コメント欄に「Silver Land Entertainment Magazine の最新号を買うために来るが、よく売り切れになっているので、もっと部数を置いてほしい (I just wish you had more copies, as it is often sold out.)」とある。これを「商品の不足」と言い換えた (B) が正解である。

　カシュルーさんは何に不満を表明していますか。
　(A) ウェブでの買い物の難しさ
　(B) 商品の不足
　(C) 輸入雑誌の値段の高さ
　(D) 限られた軽食の種類

Correct Answers　❸出張日程

検索ポイント＋日本語訳

設問7～9は次の予定表に関するものです。

視察日程：ラクシュミ・チョウドライ用
最高業務責任者
サングウェイ・ファッション社

作成：カールトン・ロス　← **Q7** 日程表に書かれている情報
個人秘書

チョウドライ様

5月24日の日程案をご覧ください。当社の主要サプライヤーであるハンデン産業のテグシガルパ織物工場の視察が予定されています。

時刻	予定	現地の主要幹部および案内役	備考	[チョウドライさん：コメントを書き入れてください]
午前9時	幹部社員と朝の会議	工場長マルコス・ペレス、副工場長リゴベルタ・ディアス	工場操業の概要	**Q9** Chowdry さんが求める変更
午前10時	組み立てラインの視察	操業部長レナルド・オルテガ	刷新した装置のセクションを中心に	古いセクションも見たい
正午	昼食	ペレス氏および側近	ロナト・レストランにて	
午後1時	アメニティ施設の視察	人事部長ハビエル・カスティーリョ	フィットネスセンター、休憩所、救急クリニックなど	できれば敷地全体をまわりたい
午後2時30分	ITシステムの視察	IT部長パウル・ガルシア		
午後4時	国家規格の順守責任者との会議	カスティーリョ氏、労働組合長イメルダ・アロチョ	最新の安全機器・技術の実演説明を含む	
午後5時30分	夕食	ペレス氏および側近	**Q8** Chowdry さんを安全施設に案内する人	

中央アメリカ支社およびパートナー企業巡回出張の他の日程については、スケジュールのこの部分の了承を得てから数日内にメールいたします。

よろしくお願いします。
カールトン・ロス

ボキャブラリー

- **itinerary** 名 旅行日程
- **Chief Operations Officer** 最高業務責任者
- **textile** 名 繊維
- **supplier** 名 供給業者；サプライヤー
- **amenity** 名 便利な設備
- **first-aid clinic** 救急クリニック
- **compliance** 名 法令遵守
- **representative** 名 代表者
- **machinery** 名 機械類
- **inspection** 名 視察
- **primary** 形 第一の
- **overview** 名 概要
- **break room** 休憩室
- **entire** 形 全体の
- **approval** 名 承認
- **delay** 他 遅らせる

正解・解説

7. 正解：(B)　NOT問題　★★

検索 *Point!*　「日程に書かれていない情報」を探す。

解説　(A) の「書類の作成者」は表の上にある Prepared by: Carlton Ross に、(C) の「会議の参加者」は表中の Local Principals and Escort の列の 9:00 A.M. と 4:00 P.M. の欄に、(D) の「食事の時刻」は Noon の Lunch および 5:30 P.M. の Dinner にそれぞれ対応する。(B) の「旅費」についての情報がないので、これを選ぶ。

日程表に含まれていない情報は何ですか。
(A) 書類の作成者
(B) 旅費
(C) 会議の参加者
(D) 食事の時刻

8. 正解：(D)　ピンポイント情報　★★

検索 *Point!*　「Chowdry（チョウドライ）さんを安全施設に案内する人」を探す。

解説　modern safety equipment and techniques の実演説明は 4:00 P.M. に予定されている。担当者は Mr. Castillo, Labor Union head Imelda Arocho である。「労働組合長」の Imelda Arocho も参加するので、「労働者の代表」とする (D) が正解である。

チョウドライさんを安全施設に案内するのは誰でしょうか。
(A) 地方政府の役人
(B) 操業部長
(C) 工場長
(D) 労働者の代表

9. 正解：(C)　ピンポイント情報　★

検索 Point! 「Chowdry さんが求める変更」を探す。

解説 Ms. Chowdry の希望なので、表の一番右の [Ms. Chowdry: Please type or write comments here] の列を下に見ていく。10:00 A.M. の Inspection of assembly lines のコメントに Would also like to see older sections と書かれている。「組み立てラインの古い設備が見たい」ということなので、(C) の「古い機械類を見る」が正解となる。

　この日程表によると、チョウドライさんが要求している変更は何ですか。
　(A) 他の供給業者と接触する
　(B) 仕事上の公式承認を遅らせる
　(C) 古い機械類を見る
　(D) 前のスケジュールを使用する

DAY 6

シングルパッセージ

記事系

	(問題)	(正解)
❶ 記事	78	84
❷ 情報	80	88
❸ ブログ	82	92

シングルパッセージで文字量が多く、文章の難度も高いのは記事系の問題です。設問は多くの場合、4問付いています。600点や730点をめざす人は、後回しにして進めるのも選択肢として考えましょう。

🔑ポイント

- ✅ 長い文章ほど、頭からすべて読むのが解答には効率的。
- ✅ 文中に散った情報を調べる「NOT 問題」や「関連情報問題」、適切な位置に指定の文を入れる「文挿入問題」に思わぬ時間がとられることがあるので注意。
- ✅ 「単語問題」はその文だけ読んで解けることも多いので、時間がなくてもトライしよう。
- ✅ 事前に長めの文章を読む練習をして、長文に慣れておくことも大切。

Exercises ❶記事 ▶ ❷情報 ▶ ❸ブログ

Questions 1-4 refer to the following article.

West Plains Register

October 9
Evening Edition

Business Section

Page 74

Reddon Co. cybermall to sell offline
By Mami Tsubota, Senior Business Correspondent

Reddon Corporation remains the top cybermall in North America, holding a 38.4% online retail market share. [1] With these achievements over the Web, the company surprised the business world yesterday by announcing plans to open 100 offline stores throughout Canada and the United States in January.

Analysts have expressed different views on the move, with many of them questioning the new policy. [2] They note that offline stores require large financial outlays on leases or real estate purchases, electricity and other utilities and furnishings. They also require hiring additional clerical, sales and inventory management employees. [3]

Yet, other observers have noted that the total volume of offline sales is still much higher than online ones, so Reddon Co. could earn large profits if its strategy is successful. Markus Hoffman, editor of Bizlife51.co.ca, thinks the decision could be a lucrative one if handled correctly. He stated in an e-mail interview, "The most important goal for Reddon Co. should be to open the stores in the right places. Reddon Co. mainly appeals to single young professionals with substantial disposable income. [4]" He went on, "They like to shop from mobile platforms such as cell phones or similar appliances. However, they could be induced to visit stores that were easy to get to and offered unique customer experiences. Reddon Co. outlets positioned close to music or game stores, theaters or fast food restaurants could attract large numbers of such shoppers."

Reddon Co. stock rose 3.6% on the news and then settled at the close of trading at C$136.97 per share, about 0.8% above its opening price.

1. What is the article mainly about?
   (A) Product campaigns
   (B) Business surveys
   (C) Corporate expansion
   (D) Quarterly performance

2. What feature is NOT mentioned about offline outlets?
   (A) Competitor item prices
   (B) Property operational costs
   (C) Business staffing levels
   (D) Energy consumption

3. In which of the positions marked [1], [2], [3], and [4] does the following sentence best belong?
   "Last year, the firm posted record profits of C$693.4 million."
   (A) [1]
   (B) [2]
   (C) [3]
   (D) [4]

4. The word "settled" in paragraph 4, line1 is closest in meaning to
   (A) comforted
   (B) ended
   (C) revised
   (D) negotiated

Questions 5-8 refer to the following information.

Scapala Robotics Incorporated

To: All Company Employees
From: Human Resources Department
Date: April 3

New Healthcare Provider

We are pleased to announce that we have chosen Alpha 10 Health Corporation as our primary healthcare provider. [1] Alpha 10 Co. has a better service reputation and wider options than our earlier provider, Danton-S Co.

Basic coverage plans under Alpha 10 Co. cover major health costs such as hospitalization, surgery or medicines. [2] Preventative care and wellness plans are covered under all plans.

Plans are open to all staff regardless of seniority or position, as long as they have been employed by us for at least 90 days. [3] Spouses and children are eligible for coverage under some Alpha 10 Co. plans, except dependants already covered under the policy of another company.

There is a range of coverage and rates available: please see details in the table at the bottom of this sheet. [4] To sign up for coverage, go to: www.scapalarobotics.net/healthcoverage/employeelogon/.

5. What is the main purpose of the information?
   (A) To notify of a benefit
   (B) To confirm a deadline
   (C) To outline a research
   (D) To promote a branch

6. According to the information, who may be restricted from a policy?
   (A) Corporate staff without adequate health coverage
   (B) Workers with limited time at the company
   (C) Individuals with only minor types of illnesses
   (D) Families without any dependants

7. The word "eligible" in paragraph 3, line 3 is closest in meaning to
   (A) respected
   (B) profitable
   (C) responsible
   (D) qualified

8. In which of the positions marked [1], [2], [3], and [4] does the following sentence best belong?
   "Other plans cover only outpatient treatment or minor illnesses."
   (A) [1]
   (B) [2]
   (C) [3]
   (D) [4]

Questions 9-12 refer to the following blog post.

www.compresswordonline200.com/abdo/ylifestyleymoney/

Your Lifestyle, Your Money
A blog for the careful consumer

By Nassir Abdo

April 16

First Homes

Everyone knows that purchasing a home, whether newly constructed or old, is a big decision. [1] As Lizaveta Harkness, a senior real estate agent commented last week, "first-time homeowners will usually factor in the importance of home loans interest rates, property values and insurance."

Unfortunately, they also sometimes overlook factors that are no less critical. Maintenance is one of these; older homes tend to require more upkeep and owners must pay regular attention to climate control devices, plumbing and electrical lines. [2] Taxes are another variable that should always be considered but are often not. It is important to note that local property taxes can change significantly and suddenly, in some cases costing the homeowner thousands of dollars that he or she did not anticipate.

Property marketability is also an important factor to analyze. In this era of career mobility, a corporate transfer or new employment opportunity could take a person to an entirely different region. In such an event, a homeowner has to estimate how long it would take to resell the property; no homeowner wants to be forced into owning—and paying a mortgage on—a property they do not inhabit while they work in a city far away. [3]

There are of course many benefits of home ownership. These were discussed here on April 2. A home is a long-term investment, so any prospective homeowner should balance that discussion with this one before making a final purchase decision. [4]

9. According to the article, what is NOT a problem sometimes overlooked among first-time homebuyers?
   (A) Routine home repairs
   (B) Neighborhood safety
   (C) Taxation expenses
   (D) Air-conditioning systems

10. What is stated about property marketability?
    (A) It may rise within the largest cities.
    (B) It may attract more corporate investors.
    (C) It may impact potential employment.
    (D) It may increase the house sale profit.

11. The word "inhabit" in paragraph 3, line 6 is closest in meaning to
    (A) control
    (B) sustain
    (C) announce
    (D) occupy

12. In which of the positions marked [1], [2], [3], and [4] does the following sentence best belong?
    "At the same time, most people do not want to give up a lucrative job opportunity in another area because they cannot sell their home."
    (A) [1]
    (B) [2]
    (C) [3]
    (D) [4]

Correct Answers ❶記事

検索ポイント＋日本語訳

設問 1 ～ 4 は次の記事に関するものです。

ウエスト・プレーンズ・レジスター

10月9日
夕刊

ビジネス欄

74ページ

→ レッドン社サイバーモールがオフライン販売に
マミ・ツボタ、首席ビジネス記者

Q1 記事のテーマ

Q3「去年の利益を報告する文」が入る場所

レッドン社はオンライン小売市場の38.4％のシェアを持ち、北アメリカのサイバーモールのトップ企業の座を維持している。昨年、同社は6億9340万加ドルという最高の利益をあげた。こうしたウェブ上の業績を持った同社が昨日、1月にオフライン店舗をカナダと米国に100店オープンすると発表して業界を驚かせた。

この動きにアナリストは違った見方を示しており、彼らの多くがこの新しい方針に疑問を呈している。オフライン店舗により、リースまたは不動産購入、電気その他光熱費と家具類に莫大な財務負担が生じると、アナリストは指摘する。同社はまた、さらに事務・販売・在庫管理の社員を採用しなければならない。

Q2 オフライン店舗の特徴

しかし、他の評論家が指摘するところでは、オフライン販売の売上総額はまだオンライン販売よりもはるかに大きく、レッドン社の戦略が成功すれば、大きな利益をあげられるという。Bizlife51.co.ca の編集者マーカス・ホフマンは、適切に運営されれば、この決定は高い収益につながると考えている。メールのインタビューの中で彼は、「レッドン社の最も重要な目標は、適切な場所に店を開くことだ。レッドン社の主要顧客は、可処分所得の大きな独身の若手専門職である」と指摘している。また続けて、「彼らは携帯電話などの電子機器のモバイルプラットフォームで買い物をするのを好む。しかし、出かけやすく、ユニークな買い物ができる店であるなら、彼らを誘導することができるだろう。レッドン社の小売店が音楽・ゲーム店や映画館、ファストフード店の近くに立地するなら、こうした買い物客を数多く引きつけられるだろう」としている。

レッドン社の株価はこのニュースに反応して3.6％上昇し、その後、終値は1株136.97加ドルに落ち着き、始値から約0.8％の上昇だった。

Q4「settled」の文脈での意味

84

ボキャブラリー

- **correspondent** 名 記者
- **achievement** 名 実績
- **real estate** 不動産
- **furnishings** 名 家具
- **inventory** 名 在庫
- **note** 他 指摘する
- **lucrative** 形 収益性の高い
- **disposable income** 可処分所得
- **platform** 名 プラットフォーム；特定のハードウエア環境
- **appliance** 名 家電製品
- **outlet** 名 販売店
- **opening price** 始値
- **consumption** 名 消費
- **comfort** 他 慰める；なだめる
- **retail** 形 小売りの
- **financial outlays** 財務負担；財政支出
- **utilities** 名 光熱費
- **clerical** 形 事務職の
- **observer** 名 評論家；識者
- **strategy** 名 戦略
- **substantial** 形 相当な；かなりの
- **induce** 他 誘導する；勧誘する
- **settle** 自 落ち着く
- **expansion** 名 拡大
- **post** 他 発表する；計上する
- **revise** 他 改訂する；修正する**

正解・解説

1. 正解：(C) 文章のテーマ ★

検索 Point!「この記事のテーマ」を探す。

解説 タイトルから「レッドン社サイバーモールがオフライン販売に打って出る」ことがわかる。第1パラグラフには、the company surprised the business world yesterday by announcing plans to open 100 offline stores throughout Canada and the United States in January. とあって、「100店舗のオフライン店を開店する」という具体的な業容拡大の内容が読み取れる。(C) の「会社の拡大」が最適。

この記事は主に何についてのものですか。
(A) 製品のキャンペーン
(B) ビジネスの調査
(C) 会社の拡大
(D) 四半期の業績

2. 正解：(A) NOT 問題 ★★

検索 Point!「オフライン店舗について書かれていない特徴」を探す。

解説 (B) の「不動産の運用費用」は large financial outlays on leases or real estate purchases に、(C) の「人材採用の水準」は They also require hiring additional clerical, sales and inventory management employees. に、(D) の「電気の消費」は large financial outlays on ... electricity and other utilities にそれぞれ対応する。(A) の「競合他社の商品の価格」だけが記述がないのでこれを選ぶ。

オフライン店舗について、どの特徴が述べられていませんか。
(A) 競合他社の商品の価格
(B) 不動産の運用費用
(C) 人材採用の水準
(D) 電気の消費

3. 正解：(A) 文挿入 ★★

検索 Point! 「会社の利益を報告する文」が入る場所を探す。

解説　第1パラグラフは、レッドン社の業績と現状を紹介している。第1文が「市場シェア」なので、次に「去年の利益」を入れると、その後の文の With these achievements over the Web にもうまくつながる。(A) [1] が正解。第2パラグラフ以降は「オフライン展開」についての展望なので、[2][3][4] はいずれも不適当。

次の文は [1][2][3][4] と示したどの位置に入れるのが最適でしょうか。
「昨年、同社は6億9340万加ドルという最高の利益をあげた」
(A) [1]
(B) [2]
(C) [3]
(D) [4]

4. 正解：(B) 単語問題 ★★

検索 Point! 「settled」の文脈での意味を探る。

解説　Reddon Co. stock rose 3.6% on the news and then settled at the close of trading at C$136.97 per share, about 0.8% above its opening price. とある。settle には自動詞で「定住する；落ち着く」などの意味があるが、ここでは株式の取引が「終わった」の意味で使われている。したがって、(B) の ended が最も近い。

第4パラグラフ1行目の「settled」に最も意味の近いものはどれですか。
(A) 安心した
(B) 終わった
(C) 改訂された
(D) 交渉された

Correct Answers ❷情報

検索ポイント＋日本語訳

設問 5 ～ 8 は次の情報に関するものです。

スカパラ・ロボティクス株式会社

宛先：全社員
発信者：人事部
日付：4月3日

新しい健康管理サービス業者　　　　Q5 情報の主要な目的

我々が会社の健康管理サービスの主任業者にアルファ10ヘルス社を選んだことをお知らせいたします。アルファ10社は、前の業者であるダントンS社よりも、サービスの評判がよく、広範な選択肢があります。

アルファ10社の基本的な補償の保険は、入院や手術、医薬品などの主な健康関連費用をまかないます。他の保険は、外来患者の治療と軽度の疾病しかまかないません。予防治療と健康プランはすべての保険で補償されます。　　　Q8 「他の保険の内容」が入る場所

　　　　　Q6 保険の制約を受ける人
保険には、90日以上の雇用期間があれば、勤続年数や職位に関係なくすべての社員が入れます。配偶者および子供は、アルファ10社のいくつかの保険で補償されますが、扶養家族がすでに他社の保険に入っていないことが条件です。
　　　　　　　　　　　　　　　Q7 「eligible」の文脈での意味

補償と保険料金はさまざまなものがあります。このシートの下部にある表の詳細をごらんください。保険への加入は、www.scapalarobotics.net/healthcoverage/employeelogon/ にアクセスしてください。

ボキャブラリー

- **Human Resources Department**　人事部
- **provider**　名 (提供)業者
- **reputation**　名 評判
- **hospitalization**　名 入院
- **preventative**　形 予防の
- **seniority**　名 勤続年数
- **be eligible for**　〜の資格がある
- **a range of**　さまざまな〜；多岐にわたる〜
- **rate**　名 料金
- **benefit**　名 福利厚生
- **outpatient**　名 外来患者
- **primary**　形 第一位の；主要な
- **coverage**　名 補償範囲
- **surgery**　名 手術
- **regardless of**　〜にかかわらず
- **spouse**　名 配偶者
- **dependant**　名 扶養家族
- **notify of**　〜を知らせる
- **adequate**　形 適当な

正解・解説

5. 正解：(A) 文章の目的 ★

検索Point! 「この情報の主な目的」を探す。

解説 冒頭に We are pleased to announce that we have chosen Alpha 10 Health Corporation as our primary healthcare provider. とあり、「健康管理サービスの主任業者にアルファ10ヘルス社を選んだ」ことを知らせる内容である。第2パラグラフも見ると、アルファ10ヘルス社の保険の補償範囲が具体的に説明されている。「福利厚生について知らせること」とする (A) が正解。

　この情報の主な目的は何ですか。
(A) 福利厚生について知らせること
(B) 締め切りを確認すること
(C) 研究を説明すること
(D) 支店を宣伝すること

6. 正解：(B) ピンポイント情報 ★★

検索Point! 「保険の制約を受ける人」を探す。

解説 第3パラグラフ冒頭の Plans are open to all staff regardless of seniority or position, as long as they have been employed by us for at least 90 days. の後半に着目。「雇用期間が90日に達しない場合」は保険に入れないことが読み取れる。これを「限られた期間しか会社で働いていない労働者」と言い換えた (B) が正解。

　この情報によれば、だれが保険に入れないでしょうか。
(A) 適切な健康保険がない社員
(B) 限られた期間しか会社で働いていない労働者
(C) 軽度の疾病しかない個人
(D) 扶養家族のいない家庭

7. 正解：(D)　単語問題　★★

検索 Point!「eligible」の文脈での意味を探る。

解説 Spouses and children are eligible for coverage under some Alpha 10 Co. plans とある。coverage が「（保険の）補償」の意味なので、eligible for は「（補償）を受ける資格がある」と推測できる。(D)「資格のある」が最適。

第3パラグラフ3行目の「eligible」に最も意味が近いものはどれですか。
(A) 尊敬された
(B) 利益のあがる
(C) 責任がある
(D) 資格のある

8. 正解：(B)　文挿入　★★★

検索 Point!「他の保険の内容」が入る場所を探す。

解説 第2パラグラフでは、Basic coverage plans がまず紹介され、最後に Preventative care and wellness plans が紹介される。保険の種類を順番に紹介しているので、Other plans もこのパラグラフに入れるのが適切。よって、(B) [2] が正解。第1パラグラフは会社の紹介、第3パラグラフは加入条件、第4パラグラフは詳細情報と加入への誘導なので、Other plans の内容が入る余地はない。

次の文は [1][2][3][4] と示したどの位置に入れるのが最適でしょうか。
「他の保険は、外来患者の治療と軽度の疾病しかまかないません」
(A) [1]
(B) [2]
(C) [3]
(D) [4]

Correct Answers ❸ブログ

検索ポイント＋日本語訳

設問 9 ～ 12 は次のブログ記事に関するものです。

www.compresswordonline200.com/abdo/ylifestyleymoney/

あなたのライフスタイル、あなたのお金
賢い消費者のためのブログ

ナシール・アブド

4月16日

初めての家

家を買うことは、それが新築であろうと中古であろうと、大きな決断であることは誰もが知るところです。ベテラン不動産業者のリザベータ・ハークネスは先週、「初めて家を持つ人は、普通、住宅ローン金利、資産価値、保険の重要性を考慮するものだ」と述べました。

Q9 初めて家を買う人が見落としやすい問題

残念なことに、同じくらい重要な要素が見落とされることが時にあります。メンテナンスがその1つで、古い家には維持費が余分にかかる傾向があり、所有者は冷暖房機器、配管設備、電気系統にいつも気を配らなくてはなりません。税金も常に考慮されるべきなのに考慮されないことが多いもう1つの変数です。地方資産税は大幅に、かつ突然に変わる可能性がある点には注意しなければなりません。予想していなかった数千ドルの費用が家の所有者にかかることもあります。

Q11 「inhabit」の文脈での意味 **Q10 不動産の売りやすさ**

不動産が売れるかどうかも分析すべき重要な要素です。職業に流動性があるこの時代には、企業の移転または新規雇用の機会によりまったく別の地域に移り住むこともありえます。そのような場合、家の所有者は家を売却するのにかかる期間を計算に入れておかなければなりません。遠く離れた町で働きながら、住んでいない家を所有し、さらにローンを払うことを強いられることなど誰も望みません。また、家が売れないからといって、他の土地での報酬の高い仕事の機会をあきらめようと思う人はほとんどいません。

Q12 「仕事と家の売却」の説明が入る場所

もちろん家を所有することには多くの利点があります。4月2日にはそのことについて議論しました。家は長期の投資ですから、家を持とうと考えている人は、購入の最終決断をする前に、その時の議論と今回の議論を比較検討してみてください。

ボキャブラリー

- **consumer** 名 消費者
- **first-time** 形 初めての
- **interest rates** 金利
- **insurance** 名 保険
- **overlook** 他 見過ごす
- **upkeep** 形 (家屋などの)維持
- **plumbing** 名 配管設備
- **note** 他 示す；言及する
- **anticipate** 他 期待する
- **analyze** 他 分析する
- **corporate transfer** 会社の移転
- **be forced into** ～することを強いられる
- **mortgage** 名 住宅ローン
- **routine** 形 日常的な
- **lucrative** 形 儲かる
- **real estate agent** 不動産業者
- **factor in** ～を計算に入れる
- **property** 名 資産
- **unfortunately** 副 不幸にも
- **critical** 形 きわめて重要な
- **climate control device** 冷暖房機器
- **variable** 名 変数
- **significantly** 副 大幅に
- **marketability** 名 市場性；売却しやすさ
- **mobility** 名 移動性
- **estimate** 他 見積もる
- **benefits** 名 利益
- **impact** 他 影響を与える

正解・解説

9. 正解：(B)　NOT 問題　★★

検索 Point! 「初めて家を買う人が見落としやすい問題に当てはまらないもの」を探す。

解説 「初めて家を持つ人が見落とす要素」は第2パラグラフに書かれている。(A) の「家の定期的な修理」は Maintenance is one of these; older homes tend to require more upkeep に、(C) の「税金の費用」は Taxes are another variable that should always be considered but are often not. に、(D) の「空調システム」は climate control devices にそれぞれ対応する。(B) の「近隣の安全性」だけが記述がないのでこれを選ぶ。

この記事によると、初めて家を買う人が見落としやすい問題に当てはまらないのは何ですか。
(A) 家の定期的な修理
(B) 近隣の安全性
(C) 税金の費用
(D) 空調システム

10. 正解：(C)　関連情報　★★★

検索 Point! 「不動産の売りやすさ」について述べられていることを探す。

解説 第3パラグラフ冒頭に property marketability（不動産の売りやすさ）という言葉が出てきて、続いて「職業に流動性のあるこの時代には、企業の移転または新規雇用の機会によりまったく別の地域に移り住むこともありうる。そのような場合、家の所有者は家を売却するのにかかる期間を計算に入れておかなければなりません」と説明されている。「不動産の売りやすさ」は「職業選択」を左右するということ。したがって、(C) の「潜在的な雇用に影響するかもしれない」が正解となる。

不動産の売りやすさについて何が述べられていますか。
(A) 大都市域内では上昇するかもしれない。
(B) さらに多くの機関投資家を引きつけるかもしれない。
(C) 潜在的な雇用に影響するかもしれない。
(D) 家屋販売の利益を上昇させるかもしれない。

11. 正解：(D) 単語問題 ★★

検索 Point! 「inhabit」の文脈での意味を探る。

解説 a property they do not inhabit while they work in a city far away で使われていて、property（不動産；物件）を目的語とする動詞である。「住む；居住する」という意味と予測できる。この文脈で inhabit と交換可能なのは (D) occupy（占有する）である。

第3パラグラフ6行目にある「inhabit」に最も意味が近いのはどれですか。
(A) 制御する
(B) 維持する
(C) 発表する
(D) 占有する

12. 正解：(C) 文挿入 ★★★

検索 Point! 「仕事と家の売却」を説明する文が入る場所を探す。

解説 「仕事と不動産」について述べているのは第3パラグラフである。「家を売却するのにかかる時間」が大切だと述べ、次に「遠くの町で働きながら、住んでいない家を所有したいと望む人はいない」と否定文で書いている。挿入文も「家が売れないからといって、高い報酬の仕事をあきらめようと思う人はほとんどいない」と否定文で説明している。内容でも文構造でも、第3パラグラフの最後に入れるのが適当。(C) [3] が正解。

第1パラグラフは「家の購入」についての導入、第2パラグラフは「メンテナンスと税金」がテーマ、第4パラグラフは「結び」なので、「仕事と家の売却」の説明文の場所にはいずれも不適。

次の文は [1][2][3][4] と示したどの位置に入れるのが最適でしょうか。
「また、家が売れないからといって、他の土地での報酬の高い仕事の機会をあきらめようと思う人はほとんどいません」
(A) [1]
(B) [2]
(C) [3]
(D) [4]

Column 3
テキストチェーン・オンラインチャットの表現①

- ☐ **Come again?** もう一度言ってもらえますか
- ☐ **Count me in.** 私もメンバーに入れておいて
- ☐ **Done deal.** 決まりだ
- ☐ **Easy does it.** 慌てず慎重に
- ☐ **Good for you.** よくやった
- ☐ **Hang in there.** がんばれ
- ☐ **I got it.** 了解；わかりました
- ☐ **I take your point.** あなたの言うとおり
- ☐ **I was so touched.** 感激しました
- ☐ **I wish I could.** できればいいのですが（できない）
- ☐ **I'm tied up.** 忙しくて手が離せない
- ☐ **If you insist.** どうしてもと言うなら
- ☐ **It can't be helped.** しかたない
- ☐ **It couldn't be better.** 最高だ
- ☐ **It depends.** 場合によるね
- ☐ **It is bargain.** その話に乗ろう
- ☐ **It's no use.** だめだ；うまくいかない
- ☐ **It's up to you.** あなた次第です
- ☐ **Let's call it a day.** 仕事を切り上げよう
- ☐ **Let's face it.** 現実的になろう

DAY 7

ダブルパッセージ

	（問題）	（正解）
❶ 記事＋レター	98	106
❷ オンラインメモ＋メール	102	110

ダブルパッセージは2セットあります。最後にトリプルパッセージが3セットありますが、解き方はどちらも似通っています。複数の文章を参照して解答する「相互参照問題」が必ず設定されています。

ポイント

- 2つの文章の組み合わせはさまざまなものが考えられるが、一方にメールやレターが組み込まれることが多い。
- 見かけほど難しくないことも多い。難しいシングルパッセージをパスして、ダブル・トリプルパッセージに入る方がいい場合もある。
- 860点超をめざす人は、30分以上の時間を残して、ダブルパッセージに入りたい。

Exercises

❶ 記事+レター ▶ ❷オンラインメモ+メール

Questions 1-5 refer to the following article and letter.

January 17 Edition

Livo Rocke Daily

Halliwell Refrigeration Inc. and Our City
By Joyti Chopra, Business Correspondent

Last July, Halliwell Refrigeration Inc. opened a distribution center here. The city government convinced the company to launch the facility by giving it multiple concessions. For example, the company received the right to operate its new center on a tax-free basis for six years. It also received a 19% discount on the market price of the land needed to build the center. Construction permits, which usually take more than 10 months, were expedited and were issued within 5 months. In return for these inducements, it was agreed that the company would hire at least 700 workers and use suppliers in the surrounding area.

Yet, research done by the public policy group Work Together 2Day shows that so far the company has hired only 318 workers, most of them highly skilled professionals who originate from out of the province. Of this total, only 21% are residents of the metropolitan area. The data also shows that fewer than 10% of the suppliers for Halliwell are local—mostly catering, taxi or shuttle services.

We urge City Hall to consider concessions to companies like Halliwell more carefully in the future.

Contessa Montoya
Halliwell Refrigeration Inc.

January 21

Joyti Chopra
Livo Rocke Daily
62 Estelle Plaza, Suite 3782

Dear Mr. Chopra,

I want to thank you for taking the time to profile our company in your January 17 article. I understand the concerns you expressed. Most of the figures you cited are accurate. However, the total number of people we have hired is actually 396.

I should add that throughout our discussions with the city government, the figures discussed were viewed as targets rather than quotas. In particular, automation affected the amount of people we ultimately needed to operate the center. Technical advances meant we were able to automate almost all of our processes, including cargo transportation and loading.

Although we spoke to several suppliers nearby, none were able to meet our specifications in terms of quality and logistics. As you are aware, we have to respond quickly to changing market forces in order to remain competitive.

You may be interested to know that when the tax-free period ends, we expect to pay upwards of €7.2 million per year to the city. For this and the other reasons outlined above, I believe we are fulfilling all our duties as responsible corporate citizens.

Kind regards,

Contessa Montoya
Contessa Montoya
Regional Vice-president
Halliwell Refrigeration Incorporated

1. According to the article, what was NOT provided to Halliwell Refrigeration Inc.?
   (A) Special taxation rates
   (B) Greater energy access
   (C) Lower property prices
   (D) Faster legal processing

   Ⓐ Ⓑ Ⓒ Ⓓ

2. Who performed research on Halliwell Refrigeration Inc.?
   (A) A government department
   (B) A public university
   (C) A citizen organization
   (D) A profit analysis consultant

   Ⓐ Ⓑ Ⓒ Ⓓ

3. What is indicated about the number of workers hired by Halliwell Refrigeration Inc.?
   (A) It is as many as originally agreed to with the city.
   (B) It is over the number the company expected.
   (C) It is unchanged since automation was introduced.
   (D) It is higher than reported by an organization.

   Ⓐ Ⓑ Ⓒ Ⓓ

4. What does Ms. Montoya mention as important to remaining competitive?
   (A) Reacting fast to conditions
   (B) Introducing logistics software
   (C) Finding overseas suppliers
   (D) Entering new markets

   Ⓐ Ⓑ Ⓒ Ⓓ

5. In the letter, the word "period" in paragraph 4, line 1 is closest in meaning to
   (A) review
   (B) termination
   (C) allowance
   (D) stage

   Ⓐ Ⓑ Ⓒ Ⓓ

Questions 6-10 refer to the following online memo and e-mail.

www.garvinfurniture.net/customerservicerep/updates/

Garvin Furniture Co.

Posted at: 9:07 A.M.
[For any difficulties accessing this posting, contact the IT Department]

From: Michael Bozeman
Vice-president, Operations
m.bozeman@garvinfurniture.net

Date: July 26

RE: Reminder to customer service department staff

Customers who purchase our furniture are often the "do-it-themselves" types. They enjoy the challenge of assembling and installing our goods in the comfort of their residences, usually with their own extensive tool sets.

Yet, they may sometimes require our help in this process and call or e-mail us for assistance. When this happens, it is critical to transfer the call to our product support team. That team is composed of specialists who have been trained in assembling a wide variety of items.

Therefore, even service representatives who feel confident about helping our customers with assembly questions should in all cases confine themselves to answering questions about item prices, delivery schedules, membership programs and similar information, not assembly issues.

From: Yosuke Nakahara, service representative
         [y.nakahara@garvinfurniture.net]
To: Michael Bozeman, vice-president, Operations
         [m.bozeman@garvinfurniture.net]
Subject: Job Description
Date: July 27, 3:46 P.M.

Dear Mr. Bozeman,

I have worked at our company for over six years in the customer service department and know all of our products very well. I read your online memo yesterday and feel that it could have applied to employees like me.

Indeed, I am sorry to state that I have sometimes given advice on assembly to our customers. I did that only because I am very enthusiastic about our items and felt that I could quickly solve the problems our customers were facing. I will certainly not do that again.

However, I would also like to take this opportunity to see if the department which handles assembly issues has any openings. If so, I would like to transfer there or at least be interviewed by that department head. I am confident that I would make a valuable addition to them. Best of all, I would require little to no training to carry out assignments there.

I want to apologize again for my earlier mistakes. I want to continue to be a part of this great company and contribute to its growth.

Yours truly,
Yosuke Nakahara

6. According to the memo, what is indicated about Garvin Furniture Co. customers?
   (A) They frequently shop over the Internet.
   (B) They often own installation equipment.
   (C) They usually look for discounts on tool sets.
   (D) They commonly search for imported goods.

7. Why may some calls be transferred to specialists?
   (A) To ask about refunds on damaged items
   (B) To get feedback on service levels
   (C) To learn how to complete a task
   (D) To purchase exclusive furniture

8. What is NOT mentioned by the memo as an issue that should be handled by the customer service department?
   (A) Store locations
   (B) Membership plans
   (C) Delivery dates
   (D) Pricing levels

9. Where does Mr. Nakahara want to transfer?
   (A) To the IT department
   (B) To the sales section
   (C) To the product support team
   (D) To the online marketing division

   Ⓐ Ⓑ Ⓒ Ⓓ

10. Why does Mr. Nakahara apologize?
    (A) For missing an interview
    (B) For breaking a rule
    (C) For misunderstanding a product
    (D) For losing a customer

    Ⓐ Ⓑ Ⓒ Ⓓ

Correct Answers　❶記事＋レター

検索ポイント＋日本語訳

設問1～5は次の記事とレターに関するものです。

（記事）

1月17日版
リボ・ロック・デイリー

ハリウェル冷凍会社と私たちの市
執筆：ジョイティ・チョプラ、ビジネス担当記者

Q1 Halliwellに提供されているもの

去る7月に、ハリウェル冷凍会社はこの地に配送センターを開設した。市政府は多数の優遇策を提供することにより、同社がこの施設を開設することを説得した。例えば、同社はこの新しいセンターを6年間にわたり無税で運営する権利を得た。また、センター建設に必要な土地を市場価格より19％安く取得した。通常は10カ月かかる建設認可も早く処理され、5月以内に発給された。こうした優遇策の見返りに、同社は近隣地域から700人以上の労働者を雇用し、同地域のサプライヤーを使うことが合意されている。

Q2 Halliwellを調査をした人
Q3 Halliwellが採用した労働者数

しかし、公益政策団体のWork Together 2Dayが行った調査によると、同社がこれまでに採用した労働者は318人にすぎず、その大半は他の地方出身の高度に熟練した専門職である。全体のわずか21％が都市地域の住民である。このデータはまた、地元の業者はハリウェルのサプライヤーの10％足らずで、ほとんどが、ケータリング、タクシー、シャトルサービスであることを示している。

我々は、市役所に対して、ハリウェルのような会社への優遇策提供は将来、もっと慎重に考えるよう促したい。

(レター)
コンテッサ・モントーヤ
ハリウェル冷凍会社

1月21日

ジョイティ・チョプラ
リボ・ロック・デイリー
エステルプラザ62番地、3782号室

チョプラ様

貴紙の1月17日付の記事で当社をご紹介いただきまして、誠にありがとうございます。私はあなたが表明しておられる懸念を理解しております。あなたが言及された数字のほとんどは正確なものです。しかし、当社が採用した合計人数は396人です。

市政府との交渉を通じて、話し合った数字はノルマではなく目標とされていたことを付け加えさせてください。特に、オートメーション化によって私共がセンター運営に最終的に必要とした人数が影響を受けました。技術の進歩により、私共は、運送や荷積みなどのプロセスのほとんどすべてを自動化することができました。

私共は近隣のサプライヤーに声をかけましたが、品質と物流管理において当社の要件を満たすところはなかったのです。ご承知のように、私共は競争力を維持するためには、変化する市場動向に機敏に対応しなければなりません。

免税期間が終了すれば、私共は市に毎年720万ユーロ以上の支払いをすることになっていることにもぜひ着目してください。この点や上記に説明させていただいた他の理由から、私共は責任ある企業市民としての義務を全うしていると考えております。

敬具
コンテッサ・モントーヤ
地域副社長
ハリウェル冷凍会社

ボキャブラリー

- **correspondent** 名 記者
- **launch** 動 稼働する；開始する
- **concession** 名 特典；優遇策
- **expedite** 動 促進する
- **surrounding area** 近隣地域
- **originate from** 元々〜の出身である
- **concern** 名 懸念
- **quota** 名 ノルマ
- **ultimately** 副 結局
- **cargo** 名 貨物
- **specifications** 名 仕様；要件
- **competitive** 形 競争力のある
- **fulfill** 動 実行する
- **processing** 名 審査
- **distribution center** 配送センター
- **multiple** 形 複数の
- **construction permit** 建設許可
- **inducement** 名 優遇策
- **skilled** 形 技能のある
- **metropolitan** 形 都市部の
- **accurate** 形 正確な
- **affect** 動 〜に影響を与える
- **advance** 名 進歩
- **loading** 名 荷積み
- **in terms of** 〜の観点で
- **upwards of** 〜以上の
- **logistics** 名 物流管理；ロジスティクス
- **react** 動 反応する

正解・解説

1. 正解：(B) NOT 問題 ★★

検索Point! 「Halliwell Refrigeration Inc. に提供されていないもの」を記事から探す。

解説 (A) の「特別な税率」は the company received the right to operate its new center on a tax-free basis for six years に、(C) の「安価な不動産価格」は a 19% discount on the market price of the land needed to build the center に、(D) の「早い法的審査」は Construction permits, which usually take more than 10 months, were expedited にそれぞれ対応する。(B) の「エネルギーの大規模供給」は記述がないので、これを選ぶ。

　この記事によると、ハリウェル冷凍会社には何が提供されていませんか。
　(A) 特別な税率
　(B) エネルギーの大規模供給
　(C) 安価な不動産価格
　(D) 早い法的審査

2. 正解：(C) ピンポイント情報 ★★

検索Point! 「この会社の調査をした人」を探す。

解説 research（調査）という単語は「記事」の第2パラグラフに research done by the public policy group Work Together 2Day とある。ここから調査を行ったのは Work Together 2Day という団体で、public policy group（公益政策団体）である。「市民団体」とする (C) が最適。

　だれがハリウェル冷凍会社の調査を行いましたか。
　(A) 政府の部局
　(B) 公立大学
　(C) 市民団体
　(D) 収益分析コンサルタント

3. 正解：(D) 相互参照 ★★★

検索 Point! 「Halliwell Refrigeration Inc. が採用した労働者数」について書かれていることを探す。

解説 「記事」では it was agreed that the company would hire at least 700 workers (最低700人の労働者を雇用することで合意された) のに、so far the company has hired only 318 workers (今のところ318人しか採用されていない) としている。「レター」にも記述があり、However, the total number of people we have hired is actually 396. として、「396人を採用した」事実を明かしている。ここから「出版物で報告された数より多い」とする (D) が正解となる。

ハリウェル冷凍会社が採用した労働者数について何が示されていますか。
(A) 市と合意した元の数と同じである。
(B) この会社が予定していた数よりも多い。
(C) オートメーションが導入されてからも変わらない。
(D) 出版物で報告された数より多い。

4. 正解：(A) ピンポイント情報 ★★

検索 Point! 「競争力を維持するのに重要なこと」を探す。

解説 Ms. Montoya の意見なので「レター」を見る。設問の competitive は第3パラグラフに we have to respond quickly to changing market forces in order to remain competitive. として使われている。競争力を維持するには「変化する市場動向に機敏に対応することが必要」ということ。「状況に素早く反応すること」とする (A) が正解である。

モントーヤさんは競争力を維持するには何が重要だと言っていますか。
(A) 状況に素早く反応すること
(B) 物流管理ソフトを導入すること
(C) 海外のサプライヤーを見つけること
(D) 新しい市場に参入すること

5. 正解：(D) 単語問題 ★★

検索 Point! 「period」の文脈での意味を探る。

解説 You may be interested to know that when the tax-free period ends, we expect to pay upwards of €7.2 million per year to the city. とある。period は「期間」だが、この文では、まず「免税期間」があり、次に「年間720万ユーロ以上を市に納める」ことになる。つまり、period は stage (段階) に近いニュアンスを持つ。(D) が最適である。

レターの第4パラグラフ1行目の「period」に最も意味が近いのはどれですか。
(A) 検討
(B) 終了
(C) 手当
(D) 段階

Correct Answers ❷オンラインメモ＋メール

検索ポイント＋日本語訳

設問 6 〜 10 は次のオンラインメモとメールに関するものです。

オンラインメモ

www.garvinfurniture.net/customerservicerep/updates/
ガーヴィン家具会社

掲載：午前9時7分
[この掲載記事にアクセスできない場合は、IT部へ連絡してください]

差出人：マイケル・ボズマン
業務担当副社長
m.bozeman@garvinfurniture.net

日付：7月26日

件名：顧客サービス部のスタッフへの注意事項

当社の家具を購入するお客様は、多くが「日曜大工」好みのお客様です。普通は自分が持っているさまざまな道具を使って、自宅でのんびりと当社の製品を組み立てたり、設置するという作業を楽しんでいます。 　**Q6 顧客の特性**

しかし、その作業中に手助けが必要になって、電話やメールで助けを求めてくることがあります。このようなときには、必ず、その電話を製品サポートチームに転送してください。チームにはさまざまな製品の組み立ての訓練を受けた専門家が集められています。 　**Q9 Nakahara さんの異動希望先**

Q7 電話が専門家に転送される理由

したがって、組み立ての質問があるお客様に応対できるという自信のあるサービス担当者でも、いかなる場合もお答えするのは製品の価格、配送予定、会員プログラムなどの情報に限ってください。組み立ての問題は除外してください。 　**Q8 顧客サービス係が扱う事柄**

メール

発信者：ヨースケ・ナカハラ、サービス担当 [y.nakahara@garvinfurniture.net]
宛先：マイケル・ボズマン、業務担当副社長 [m.bozeman@garvinfurniture.net]
件名：職務内容
日時：7月27日、午後3時46分

ボズマン副社長

私は当社の顧客サービス部に6年以上勤務し、当社の製品について熟知しております。昨日のオンラインメモを読み、私もこのメモに当てはまる従業員だと感じています。

Q10 Nakahara さんが謝る理由
実のところ、お客様に対して時々、組み立てについてのアドバイスをしたことをお詫びいたします。なぜそうしたかと言えば、私は当社の製品をとても愛しているため、お客様が直面している問題をなるべく早く解決してあげたいと思ったからです。今後は決していたしません。

Q9 Nakahara さんの異動希望先
ところで、この機会にうかがいたいことがあります。組み立ての問題を扱う部署に空きはありませんでしょうか。もしあるのならば、そちらへの異動を希望します。あるいは部門長による面接だけでも受けさせていただけませんでしょうか。その部署で貴重な戦力になる自信があります。何よりも、私がその部門での仕事をするために、訓練はほとんどあるいはまったく必要ないと思います。

これまでの間違った仕事の仕方については改めてお詫び申し上げます。今後もこの偉大な企業の一翼を担い、その成長に貢献したいと切に希望します。

よろしくお願い申し上げます。
ヨースケ・ナカハラ

ボキャブラリー

- **reminder** 注意喚起
- **customer service department** 顧客サービス部
- **do-it-themselves** 日曜大工の
- **assemble** 組み立てる
- **install** 設置する
- **in the comfort of one's residence** 自宅にいながらにして
- **extensive** 広範な
- **critical** 重要な
- **transfer** （電話を）転送する／異動する
- **be composed of** ～で構成される
- **job description** 職務説明
- **apply to** ～に当てはまる
- **state** 述べる
- **be enthusiastic about** ～に熱心である
- **valuable** 価値のある
- **addition** 加わる人；戦力
- **carry out** ～を実行する
- **assignment** 業務
- **feedback** 意見
- **complete** 完了する
- **exclusive** 限定の
- **misunderstanding** 誤解

DAY 7 ダブルパッセージ

正解・解説

6. 正解：(B) 関連情報 ★

検索 Point!「顧客の特性」について述べられていることを探す。

解説 Customers who purchase our furniture で始まる「オンラインメモ」の第1パラグラフを見る。このパラグラフの最後に usually with their own extensive tool sets と書かれていて、(B) の「顧客は設置のための道具を所有していることが多い」がこの記述に合致する。

このメモによると、ガーヴィン家具会社の顧客についてどのようなことが述べられていますか。
(A) 顧客はインターネットを通じて買い物をすることが多い。
(B) 顧客は設置のための道具を所有していることが多い。
(C) 顧客は道具セットの割引を求めることが多い。
(D) 顧客は輸入品を探していることが多い。

7. 正解：(C) ピンポイント情報 ★★

検索 Point!「電話が専門家に転送される理由」を探す。

解説 設問の transfer という動詞は「オンラインメモ」の第2パラグラフに When this happens, it is critical to transfer the call to our product support team. と出ている。次の文を見ると、That team is composed of specialists who have been trained in assembling a wide variety of items. とあり、顧客の対応に当たる「専門家はさまざまな製品を組み立てる訓練を受けている」ことがわかる。「作業を完了する方法を聞くために」とする (C) が適切である。

専門家へ転送される電話があるのはなぜですか。
(A) 壊れた製品の払い戻しについて聞くために
(B) サービス水準の感想を聞くために
(C) 作業を完了する方法を知るために
(D) 特別な家具を買うために

8. 正解：(A) NOT問題 ★★

検索 Point!「顧客サービス係が扱わない案件」を探す。

解説 service representatives（顧客サービス係）の仕事は「オンラインメモ」第3パラグラフに出てくる。(B) の「会員プログラム」は membership programs に、(C) の「配送日」は delivery schedules に、(D) の「価格帯」は item prices に対応する。(A) の「店の所在地」だけが記述がないのでこれを選ぶ。

顧客サービス部が扱うべき案件としてメモが触れていないものは何ですか。
(A) 店の所在地
(B) 会員プログラム
(C) 配送日
(D) 価格帯

9. 正解：(C)   相互参照   ★★★

検索 Point!「Nakahara（ナカハラ）さんの異動希望先」を探す。

解説「メール」を見る。第 2 パラグラフの However, I would also like to take this opportunity to see if the department which handles assembly issues has any openings. If so, I would like to transfer there から、彼は「組み立ての問題を扱う部門に移りたい」ことがわかる。「オンラインメモ」には product support team という具体的な部門名が出ている。(C) が正解である。

ナカハラさんはどこへの異動を希望していますか。
(A) IT部へ
(B) 販売部へ
(C) 製品サポートチームへ
(D) オンラインマーケティング部へ

10. 正解：(B)   相互参照   ★★★

検索 Point!「Nakahara さんが謝る理由」を探す。

解説 Nakahara さんは「メール」の第 2 パラグラフで、I am sorry to state that I have sometimes given advice on assembly to our customers. と書き、「顧客に組み立てのアドバイスをした」ことを詫びている。「オンラインメモ」の第 3 パラグラフには、顧客サービス係の扱う範囲を「製品の価格、配送予定、会員プログラムなどの情報」に限定している。つまり、Nakahara さんは「規則に違反」していたことになるので、(B) が正解である。

ナカハラさんはなぜ謝っているのですか。
(A) 面接に行かなかったことで
(B) 規則を破ったことで
(C) 製品を間違って理解していたことで
(D) 顧客を失ったことで

Column 4
テキストチェーン・オンラインチャットの表現②

- ☐ **Let's say.**　たとえば
- ☐ **No sweat.**　おやすいご用です；かまいません
- ☐ **No wonder why.**　どおりでね
- ☐ **Same here.**　私もです
- ☐ **So far so good.**　今のところ順調です
- ☐ **Sure thing.**　もちろん；いいとも
- ☐ **That figures.**　ほら；やっぱり
- ☐ **That suits me.**　それは願ったりかなったりだ
- ☐ **That's a shame.**　それは残念だ
- ☐ **That's another story.**　それはまた別の話だ
- ☐ **That's it.**　その通りだ；がっかりだ；いい加減にしてくれ
- ☐ **That's news to me.**　初耳だ
- ☐ **That's the point.**　これが私の言いたいところだ
- ☐ **We are on the same page.**　大筋で合意しています
- ☐ **What's going on?**　どうした？；何が起こっているの？
- ☐ **Whatever you say.**　おっしゃるとおりにします；わかりました
- ☐ **You bet.**　もちろん
- ☐ **You can rest assured.**　ご安心ください
- ☐ **You don't say.**　まさか
- ☐ **You name it.**　何でも；どんなものでも
- ☐ **You never know.**　たぶん

DAY 8

トリプルパッセージ

	(問題)	(正解)
❶ 広告＋レビュー＋レター	116	124
❷ インボイス＋メール2通	121	128

Part 7 の最後に控えているのがトリプルパッセージ3セットです。集中力が落ちてくる時間帯ですが、最後の力を振り絞ってトライしましょう。時間のないときこそ冷静な対応が求められます。1問でも確実に得点する気持ちで臨みましょう。

ポイント

- 「相互参照問題」は2つの文章を見て解けるものと、3つの文章を見ないと解けないものがある。
- 「相互参照問題」は数字や日付など、簡単な情報がターゲットになりやすい。
- 1つの「文章の目的」を問う問題や「単語問題」は、全部読まなくても解けるので、時間切れ間近でもトライする価値大。

Exercises

❶広告＋レビュー＋レター
▶ ❷インボイス＋メール2通

Questions 1-5 refer to the following advertisement, review and letter.

Hamid's Pizza, Inc.
Come visit our newest outlet at 3684 Highland Ave.

Opening on October 9
Over 50 different toppings available!

Uniquely designed delivery bags keep your pizza warm and tasty on the way to you!

And we're not just pizza!
- Fried chicken
- Pasta
- Barbecue

Side Dishes:
- French fries
- Pies
- Cheese bread
- Salad

Beverages:
- Sodas, lemonade and other soft drinks
- Coffee and tea

And remember our service guarantee:
  we'll get the pizzas to you within 40 minutes or less!

Come on in today. Get a discount coupon sent to your mobile phone by texting PIZZA to 888-555-3106.

Metro Daily News
Oksana Zolokov
Food and Lifestyle Section
Focus on: Hamid's Pizza, Inc.

I placed an order with Hamid's Pizza, Inc., at its newest shop on Highland Avenue, only three days after it opened. This was for a party that our company was having. This way, instead of just sampling the items myself as I normally do, I was able to add feedback from many people in the office. Using the discount advertised, we initially ordered two extra-large pizzas, one with pepperoni and sausages, the other vegetarian cheese pizza.

These pizzas were so delicious that they were eaten up fast, and we had to order three more! Both I and my colleagues were delighted by the large amounts of cheese and toppings on each pizza pie. They were quite generous indeed. Also, the pizzas indeed arrived warm and ready-to-eat. I was disappointed, though, that the company didn't keep its service guarantee as promised. This is why I can only give the shop a 3.5 out of 5 stars.

Hamid's Pizza, Inc.

October 13
Metro Daily News

Dear Ms. Zolokov,

Thank you for ordering from us. We're glad to see that you liked the food, but apologize for not serving you fully. We understand why you were disappointed, and we have devoted a lot of resources to improve in that area. We invite you to order from us again. If you're not fully satisfied, your order will be free. We hope to get a much higher rating in your next review, and will work much harder to get that. Feel free to publish this letter in its entirety in your newspaper.

Yours sincerely,

Cyrus Parker
Cyrus Parker
Customer Service Manager
Hamid's Pizza, Inc.

1. How did Ms. Zolokov get a lower price on her pizza order?
   (A) By sending a text message
   (B) By ordering a special side dish
   (C) By sending in a completed survey
   (D) By taking home some free samples

2. When did Ms. Zolokov order the pizza?
   (A) On October 9
   (B) On October 10
   (C) On October 12
   (D) On October 13

3. According to the review, what did Ms. Zolokov like about her order?
   (A) The price
   (B) The taste
   (C) The guarantee
   (D) The party sodas

4. In the review, the word "generous" in paragraph 2, line 4, is closest in meaning to
   (A) ample
   (B) profitable
   (C) reasonable
   (D) speedy

5. What does Hamid's Pizza, Inc., state that it will try to improve?
   (A) Its pasta foods
   (B) Its delivery times
   (C) Its bag types
   (D) Its coupon offers

Questions 6-10 refer to the following invoice and e-mails.

e-Auto Kitchen, Inc. www.e-autokitcheninc.com	Invoice Number: 375KL06 Date: November 5

Billing Address	Shipping Address	Mode of payment
Arlita's Restaurant 9162 Woodson Avenue www.arlitasrestaurant.net	Same as Billing Address	Check ■ Cash ☐ Card ☐

Product	Price per unit	Number Ordered	Total Price
Oven	$899.72	1	$899.72
Coffeemaker	$78.99	7	$552.93
Cleaning Equipment Set	$61.53	4	$246.12
Towel and Apron set	$24.18	6	$145.08
Sauce and Oil Set	$31.55	9	$283.95
Pot and Pan set	$74.96	2	$149.92
Sub Total : Goods			$2,277.72
Taxes @ 6.2%			$141.21
Total after tax			$2,418.93
Total Delivery Fees:			$127.99
Grand Total			**$2,546.92**

Total Amount Due: $2,546.92

Delivery selected:
Standard Shipping: ☐
Overnight express (additional charge): ■

To: Stephen Moore [s.moore@e-autokitcheninc.com]
From: Reiko Iwata [reiko.iwata@arlitasrestaurant.net]
Date: November 9
Subject: Invoice 375KL06

Stephen,

We received your invoice above, and checked it against the products that it accompanied. I was a bit surprised by the $127.99 fee, but I suppose it was unavoidable. The most expensive product on the invoice seems to be working very well already, much more so than the earlier brands we ordered. We may order another one next quarter.

Apart from that, everything seemed to be in order except for the number of towels and apron sets that we received. Please check the invoice and then send the remaining units. After receiving them, and confirming the usual quality and condition of the products, we will start the invoice payment process.

Thanks,
Reiko Iwata
Purchasing manager

To: Reiko Iwata [reiko.iwata@arlitasrestaurant.net]
From: Stephen Moore [s.moore@e-autokitcheninc.com]
Date: November 10
Subject: Invoice 375KL06

Dear Ms. Iwata,

We are glad to see that you have received your shipment. However, we are also sorry about the mistake that you noted. I am confirming that 2 towel and apron sets have been dispatched to you today and will arrive within 2-3 business days.

The tracking number is attached to this e-mail, so that you can check its progress. Shipping fees for this item have been waived. If you require anything else, please do not hesitate to inform me.

Yours sincerely,
Stephen Moore
Sales Department

6. What kind of business most likely is e-Auto Kitchen, Inc.?
   (A) An eatery supplier
   (B) An appliance manufacturer
   (C) A food wholesaler
   (D) An interior design firm

   Ⓐ Ⓑ Ⓒ Ⓓ

7. What is NOT included in the invoice?
   (A) Unit price
   (B) Registration codes
   (C) Payment options
   (D) Taxation amounts

   Ⓐ Ⓑ Ⓒ Ⓓ

8. Why was Ms. Iwata surprised?
   (A) Her customer request was delayed.
   (B) A business check was lost.
   (C) A product arrival was early.
   (D) Delivery costs were unexpected.

   Ⓐ Ⓑ Ⓒ Ⓓ

9. What may Ms. Iwata order next quarter?
   (A) Ovens
   (B) Coffeemakers
   (C) Cleaning equipment
   (D) Sauce and oil

   Ⓐ Ⓑ Ⓒ Ⓓ

10. How many towel and apron sets have already been received by Ms. Iwata?
   (A) 2
   (B) 3
   (C) 4
   (D) 5

   Ⓐ Ⓑ Ⓒ Ⓓ

Correct Answers　❶広告＋批評＋レター

検索ポイント＋日本語訳

設問1～5は次の広告、レビュー、レターに関するものです。

広告

ハミッズ・ピザ社
ハイランドアベニュー3684番地の当社の新しい店にぜひお越しください。

10月9日開店 ← **Q2** Zolokovさんがピザを注文した日
50以上の異なるトッピングを楽しめます！
ユニークなデザインのデリバリーバッグであなたのピザを温かくおいしいままでお届けします！

ピザだけではありません。
・フライドチキン
・パスタ
・バーベキュー

サイドディッシュ
・フライドポテト
・パイ
・チーズパン
・サラダ

飲み物
・ソーダ、レモネード、その他のソフトドリンク
・コーヒーと紅茶

サービス保証をお忘れなく：私たちは40分以内にお客様にピザをお届けします。
　　　　　　　　　　　　　↑ **Q5** Hamid's Pizza, Inc. が改善しようとしていること
今日にもご来店ください。888-555-3106 に PIZZA というテキストメッセージを送信すれば、お客様の携帯電話にクーポンをお送りします。
　　　　　　　　　　　　↑
レビュー
メトロ・デイリーニュース　　　　　　 **Q1** Zolokovさんがピザを安く注文できた理由
オクサナ・ゾロコフ
食品・ライフスタイル部門
注目：ハミッズ・ピザ社
　　　　　　　　　　　　　　Q2 Zolokovさんがピザを注文した日
私がハミッズ・ピザ社で注文をしたのはハイランドアベニューの新しい店で、開店から3日後だった。これは、当社が開催するパーティーのためである。こうして、いつものように自分で味わうだけでなく、オフィスのたくさんの人から意見を聞くことができた。広告されているディスカウントを利用して、私たちはまず、特大サイズのピザを2枚注文した。1枚はペパローニとソーセージのピザ、もう1枚はベジタリアンのチーズピザである。

┌─ Q3 Zolokov さんが注文品で一番気に入ったこと
これらのピザはとてもおいしく、すぐになくなってしまったので、私たちはもう３枚注文しなければならなかった。私も同僚たちも、それぞれのピザのチーズやトッピングの量が多いことに感心した。気前がいいかぎりだ。また、ピザも実際に温かく、すぐに食べられる状態で到着した。しかし、この会社が約束しているサービス保証を守らなかったことにはがっかりした。そういうわけで、私はこの店に星５つのところ３.５しかあげられない。
              └─ Q4 「generous」の文脈での意味

(レター)
ハミッズ・ピザ社

１０月１３日
メトロ・デイリーニュース

ゾロコフ様
              ┌─ Q5 Hamid's Pizza, Inc. が改善しようとしていること ─┐
私どもにご注文をいただきましてありがとうございます。食べ物をお気に入りいただき嬉しく思いますが、サービスが徹底していなかったことは申し訳なかったです。お客様が失望された理由を考慮しまして、この領域の改善に多くの資源を投入しました。ぜひもう一度ご注文をお願いできればと思います。十分にご満足いただけないようでしたら、お客様のご注文は無料とさせていただきます。御社の次の批評記事でさらに高い評価をいただきたいと思い、そのためにさらに懸命に努力します。この手紙は、御社の新聞に全文をご掲載していただいてかまいません。

敬具
サイラス・パーカー
顧客サービス部長
ハミッズ・ピザ社

ボキャブラリー

- **outlet** 名 店；小売店
- **guarantee** 名 保証
- **instead of** 〜ではなく
- **feedback** 名 意見；反応
- **pepperoni** 名 ペパローニ ＊牛肉と豚肉でつくる香辛料の利いたソーセージ
- **colleague** 名 同僚
- **devote** 他 費やす；捧げる
- **improve** 自 改善する
- **survey** 名 アンケート
- **beverage** 名 飲み物
- **place an order** 注文する
- **normally** 副 普通に；通常
- **initially** 副 最初は
- **generous** 形 気前のいい
- **resource** 名 資源
- **entirety** 名 全部

正解・解説

1. 正解：(A) 〈相互参照〉 ★★

検索 **Point!** 「Zolokov（ゾロコフ）さんがピザを安く注文できた理由」を探す。

解説 「レビュー」の中で、Zokolov さんは Using the discount advertised, we initially ordered と述べている。また、「広告」には Get a discount coupon sent to your mobile phone by texting PIZZA to 888-555-3106. とあり、「テキストメッセージを送れば、ディスカウントクーポンが手に入る」ことがわかる。したがって、(A)「テキストメッセージを送ることで」が正解になる。

　ゾロコフさんはどうやってピザを安く注文しましたか。
　(A) テキストメッセージを送ることで
　(B) 特別なサイドディッシュを注文することで
　(C) 記入したアンケートを送ることで
　(D) いくつかの無料サンプルを持ち帰ることで

2. 正解：(C) 〈相互参照〉 ★★

検索 **Point!** 「Zolokov さんがピザを注文した日」を探す。

解説 「レビュー」で Zolokov さんは、I placed an order with Hamid's Pizza, ..., only three days after it opened. と、「開店してから3日後に注文した」ことを明かしている。「広告」には Opening on October 9 と開店日が書かれている。つまり、Zolokov さんが注文したのは「10月12日」。(C) が正解。

　ゾロコフさんはいつピザを注文しましたか。
　(A) 10月9日に
　(B) 10月10日に
　(C) 10月12日に
　(D) 10月13日に

3. 正解：(B) 〈ピンポイント情報〉 ★★

検索 **Point!** 「レビュー」から、「Zolokov さんが注文品で一番気に入ったこと」を探す。

解説 Zolokov さんが褒めているのは、These pizzas were so delicious から「味」、I and my colleagues were delighted by the large amounts of cheese and toppings on each pizza pie. から「チーズとトッピングの量」、the pizzas indeed arrived warm and ready-to-eat. から「ピザが温かくすぐに食べられる状態で来た」の3点である。これに一致する選択肢は (B)「味」である。

　このレビューによると、ゾロコフさんは注文品の何が気に入りましたか。
　(A) 価格
　(B) 味
　(C) 保証
　(D) パーティー用のソーダ

4. 正解：(A) 単語問題 ★★
検索 Point! 「generous」の文脈での意味を探る。

解説 Both I and my colleagues were delighted by the large amounts of cheese and toppings on each pizza pie. They were quite generous indeed. とある。「チーズとトッピングの量が多い」ことを generous と形容している。ここから、(A) ample（十分な量の）が選べる。なお、generous は「惜しみない；気前のいい」という意味。

「レビュー」の第2パラグラフ第4行目の「generous」に最も意味が近いものはどれですか。
(A) 豊富な
(B) 利益のあがる
(C) 納得できる
(D) 素早い

5. 正解：(B) 相互参照 ★★★
検索 Point! 「Hamid's Pizza, Inc. が改善しようとしていること」を探す。

解説「レター」に We understand why you were disappointed, and we have devoted a lot of resources to improve in that area. とある。that area が何かを「レビュー」で当たると、I was disappointed, though, that the company didn't keep its service guarantee as promised. と「サービス保証」のことである。さらに、「広告」を見ると、our service guarantee: we'll get the pizzas to you within 40 minutes or less! から「サービス保証」=「40分以内の配達時間」にたどりつく。(B) が正解。

ハミッズ・ピザ社は、何を改善すると言っていますか。
(A) そのパスタ料理
(B) その配達時間
(C) その袋の種類
(D) そのクーポンの値引き

Correct Answers ❷インボイス+メール2通

検索ポイント+日本語訳

設問6～10は次のインボイスと2通のメールに関するものです。

インボイス

e-Auto Kitchen, Inc.
www.e-autokitcheninc.com

請求書番号：375KL06
日付：11月5日

→ Q6 e-Auto Kitchen, Inc. はどんな会社か

請求先住所	配送先住所	→ 支払い方法
→ アーリタズ・レストラン ウッドソン・アベニュー9162 www.arlitasrestaurant.net	請求先住所と同じ	チェック ■ 現金 □ カード □

Q7 インボイスにあるもの

製品	単価	注文数	総価格
→ オーブン　Q9 次の四半期に Iwata さんが注文しそうなもの	→ $899.72	1	$899.72
→ コーヒーメーカー	$78.99	7	$552.93
掃除用具セット	$61.53	4	$246.12
タオル・エプロンセット	$24.18	6　Q10 受け取ったタオルと← エプロンのセット数	$145.08
→ ソース・オイルセット	$31.55	9	$283.95
鍋・平鍋セット	$74.96	2	$149.92
小計：製品			$2,277.72
税金@6.2% ←			$141.21
税金込みの合計			$2,418.93
配送費合計： ← Q8 Iwata さんが驚いた理由			→ $127.99
総計			$2,546.92

総支払額：$2,546.92

配送方法選択：
普通配送： □
翌日配送（追加料金）： ■

> メール1

受信者：スティーブン・ムーア [s.moore@e-autokitcheninc.com]
発信者：レイコ・イワタ [reiko.iwata@arlitasrestaurant.net]
日付：11月9日
件名：請求書 375KL06

スティーブン

Q8 Iwataさんが驚いた理由
私たちは御社の上記の請求書を受け取り、一緒に送られてきた製品とそれを照合しました。127.99ドルという料金に少々驚きましたが、それは避けられなかったと思います。請求書の一番高価な品目はすでに非常によく機能しているようで、私たちが注文した以前のブランドよりはるかに良好です。次の四半期にはもう1台注文するかもしれません。

Q9 次の四半期にIwataさんが注文しそうなもの
それはさておき、私たちが受け取ったタオルとエプロンセットの数以外についてはすべて問題なかったようでした。請求書をご確認いただき、残りのものをお送りください。受け取って、製品の一般的な品質と状態を確認した後で、請求書の支払いをします。

Q10 受け取ったタオルとエプロンのセット数

ありがとう
レイコ・イワタ
購買部長

> メール2

受信者：レイコ・イワタ [reiko.iwata@arlitasrestaurant.net]
発信者：スティーブン・ムーア [s.moore@e-autokitcheninc.com]
日付：11月10日
件名：請求書 375KL06

イワタ様

お客様の配送品をお受け取りいただいたことを知って嬉しく思います。しかし、お客様がご指摘されたミスについては謝罪いたします。タオルとエプロンの2セットは本日、お客様宛に発送いたしましたので、2〜3営業日で届くものと思います。

状況をご確認できるように、追跡番号をこのメールに添付いたします。この製品の配送料はいただかないようにしております。
他に必要なことがございましたら、ご遠慮なくお知らせください。

敬具
スティーブン・ムーア
販売部

ボキャブラリー

- **billing address** 請求先住所
- **price per unit** 単価
- **overnight** 形 翌日配送の
- **accompany** 他 同梱する
- **apart from** 〜は別にして
- **except for** 〜を除いて
- **dispatch** 他 発送する
- **progress** 名 進展
- **eatery** 名 食堂
- **wholesaler** 名 卸売業者
- **shipping address** 配送先住所
- **amount due** 支払金額
- **additional charge** 追加料金
- **unavoidable** 形 避けられない
- **in order** 適切である
- **remaining** 形 残っている
- **tracking number** 追跡番号
- **waive** 他 免除する
- **appliance manufacturer** 家電メーカー
- **registration** 名 登録

正解・解説

6. 正解：(A)　ピンポイント情報　★

検索 Point!「e-Auto Kitchen, Inc. がどんな会社か」を探る。

解説「インボイス」の内容を見る。Billing Address（請求先住所）にあるのは、Arlita's Restaurant という「レストラン」。また、そのレストランの注文品は、Oven、Coffeemaker、Sauce and Oil set など。(A)「食堂の納入業者」がぴったりである。

　e-Auto Kitchen, Inc. はどんな種類の会社でしょうか。
　(A) 食堂の納入業者
　(B) 家庭用電気製品メーカー
　(C) 食品の卸売業者
　(D) インテリアデザインの会社

7. 正解：(B)　NOT 問題　★★

検索 Point!「インボイスにないもの」を探す。

解説 (A)「単価」は Price per unit に、(C)「支払いの選択肢」は Mode of payment に、(D)「税額」は Taxes @ 6.2% $141.21 にそれぞれ対応する。(B)「登録コード」が存在しないので、これが正解。

　インボイスに含まれていないものは何ですか。
　(A) 単価
　(B) 登録コード
　(C) 支払い方法
　(D) 税金の金額

8. 正解：(D)　相互参照　★★

検索 Point!「Iwata（イワタ）さんが驚いた理由」を探る。

解説「メール1」で Iwata さんは、I was a bit surprised by the $127.99 fee, と「127.99 ドルという費用」に驚いている。これが何の費用なのかを「インボイス」で確認すると、$127.99 は Total Delivery Fees（配送費総額）である。ここから、(D)「配送料金が予期しないものだったから」が正解となる。

　イワタさんはなぜ驚いたのですか。
　(A) 彼女の顧客の要望が遅れたから。
　(B) 業務用のチェックがなくなったから。
　(C) 製品の到着が早かったから。
　(D) 配送料金が予期しないものだったから。

9. 正解：(A) 相互参照 ★★

検索 Point! 「次の四半期に Iwata さんが注文しそうなもの」を探す。

解説 「メール1」には、The most expensive product on the invoice seems to be working very well already, much more so than the earlier brands we ordered. We may order another one next quarter. とある。「インボイスで一番高い製品」を次の四半期に注文する予定である。「インボイス」から、一番高い品目は $899.22 の「オーブン」である。(A) が正解。

イワタさんは次の四半期に何を注文するでしょうか。
(A) オーブン
(B) コーヒーメーカー
(C) 清掃用具
(D) ソースとオイル

10. 正解：(C) 相互参照 ★★★

検索 Point! Iwata さんが「受け取ったタオルとエプロンのセット数」を探る。

解説 「メール1」で Iwata さんは、everything seemed to be in order except for the number of towels and apron sets that we received. Please check the invoice and then send the remaining units. と、「タオルとエプロンのセット数」が間違っているとして、確認を求めている。この求めに応じて、「メール2」で、この会社は「タオルとエプロンを2セット」送ったとしている。「インボイス」での注文数は6セット。したがって、Iwata さんは「4セット」をすでに受け取っている。(C) が正解。

イワタさんはタオルとエプロンを何セットすでに受け取っていますか。
(A) 2
(B) 3
(C) 4
(D) 5

DAY 9

模擬テスト

学習の仕上げに模擬テストに挑戦しましょう。実際のPart 7と同じように、問題文15セット、設問54問で構成されています。目標時間を設定してトライすると、試験に直結した練習ができます。

＊「マークシート」はp.221にあります。切り取って使ってください。

| Questions | 134 |
| Correct Answers | 174 |

Score 600 **64** min.　Score 730 **61** min.　Score 860 **58** min.

Questions 1-2 refer to the following postcard.

Dear Ms. Landon,

This is a reminder of your interview date with us on Tuesday June 9 at 11:30 A.M. We are looking forward to discussing your employment options when you graduate from your computer programming academy in August. Remember to bring your résumé with you, as well as samples of your past work. If you are unable to make it please e-mail me at: m.gomez@mortoncorportaion.com.

Regards,

Maria Gomez
Human Resources Recruiter
Morton Toy Co.

1. Why has this postcard been sent?
   (A) To request information
   (B) To promote a new product
   (C) To confirm an appointment
   (D) To review an agreement

2. What is indicated about Ms. Landon?
   (A) She has worked as a recruiter.
   (B) She has designed various toys.
   (C) She has taught at an academy.
   (D) She has studied technical areas.

Questions 3-4 refer to the following letter.

Asma Telecom Company
Fulmer Building
Goldberg Avenue
Phoenix, AZ 89752

November 10

Charlene Lindbergh
2734 Resond Street
Charleston, SC 04691

Dear Ms. Lindbergh,

Thank you for subscribing to our services, and for renewing that subscription on November 5. As you are no doubt aware, up to now we have only provided broadband and wireless service. But we are excited to announce that as of November 20, we will also be offering online content, including videos, e-books and digital games.

This is in response to customer demand for wider variety, without higher costs. Therefore, you will be pleased to know that as a current subscriber, you are eligible for substantial discounts on these services. Look for these in your e-mail inbox by November 30!

Thank you once again for choosing Asma as your all-around digital service and entertainment provider.

Sincerely,

Liam Elba
Liam Elba
Customer Service Manager

3. What is the main purpose of this letter?
   (A) To introduce new services
   (B) To confirm an order
   (C) To request feedback
   (D) To suggest a renewal

   Ⓐ Ⓑ Ⓒ Ⓓ

4. When will special price offers be sent?
   (A) By November 5
   (B) By November 10
   (C) By November 20
   (D) By November 30

   Ⓐ Ⓑ Ⓒ Ⓓ

Questions 5-7 refer to the following text message chain.

Walt Berman   1:01 P.M.
I'm at the International Arrivals Lounge now. The plane with the clients from Kalta Paper Co. has just touched down.

Leora Bianchi   1:02 P.M.
Great. After you pick them up, take them straight to their hotel—not here. We won't do any product displays until the meetings tomorrow.

Walt Berman   1:04 P.M.
I remember. You'll be joining us there later, right?

Leora Bianchi   1:05 P.M.
Correct. We're going to have a welcome dinner for them at Harry's Restaurant.

Walt Berman   1:07 P.M.
I know that place: it's right down there in the lobby. Should I make reservations?

Leora Bianchi   1:09 P.M.
They aren't necessary, and the place usually isn't crowded on weekdays. Just make sure that they can check into their rooms without any problems. Stay on top of things.

Walt Berman   1:11 P.M.
I will. What time will you come here?

Leora Bianchi   1:12 P.M.
Probably around 6:00 P.M. I'll text you again if there's any change.

5. Why are the representatives of Kalta Paper Co. visiting the firm?
   (A) To explain an assignment
   (B) To ask about clients
   (C) To see current products
   (D) To demonstrate e-services

   Ⓐ Ⓑ Ⓒ Ⓓ

6. What is indicated about Harry's Restaurant?
   (A) It requires reservations.
   (B) It is crowded on weekdays.
   (C) It is on the hotel premises.
   (D) It hosts special events for guests.

   Ⓐ Ⓑ Ⓒ Ⓓ

7. At 1:09 P.M. what does Leora Bianchi mean when she writes, "Stay on top of things."?
   (A) A pending deal must be revised.
   (B) A situation must be monitored.
   (C) A task must be changed.
   (D) A group must be recruited.

   Ⓐ Ⓑ Ⓒ Ⓓ

Questions 8-9 refer to the following invoice.

Rishe Décor Furnishings
The number one online furniture retailer in Australia!
www.rishedecor.co.ca

Satisfaction Guaranteed!

Sanjay Rao
3109 Avendale Apartments
Sidney

Invoice Number: 551738177
Shipment Date: April 24

Dear Mr. Rao,

Thank you for shopping at Rishe Décor Furnishings. Please take a moment to make sure that your order is complete and undamaged. Remember to keep this invoice for your records.

Code	Description	Quantity	Price	Total
HU/20817	Living Room Set 1 sofa 3 chairs 1 table	1	A$1,700	A$1,700
XJ/090	Dining Room Set 1 table 4 chairs	1	A$250	A$250
Subtotal				A$1,950
Sales Tax (10%)				A$195
Shipping				A$119
Invoice Amount				A$2,264
Installment Plan				Amount now due: A$377*

*You have chosen our interest-free installment plan with the first payment due by July 26. This invoice is the first to be issued. Your plan consists of 5 monthly payments of A$377 and one final payment of A$379.
Payment is due by the 26th of each month. Please note that any late payment will lead to the cancellation of your right to pay by installments and you will be invoiced for the total sale price.

8. What information is NOT included in the invoice?
   (A) Product identification
   (B) Itemized expenses
   (C) Taxation costs
   (D) Warranty information

   Ⓐ Ⓑ Ⓒ Ⓓ

9. How many installment payments may be made for this purchase?
   (A) One
   (B) Three
   (C) Five
   (D) Six

   Ⓐ Ⓑ Ⓒ Ⓓ

Questions 10-12 refer to the following invitation.

Fumneldo Enterprises
Cordially invites you to a very Special Night

After 37 years with us, Human Resources Director Natalia Orlova is stepping down. We welcome your attendance at an event to acknowledge her outstanding contributions to our firm and wish her the best on the next stage of her life.

November 13
6:00 P.M. -10:00 P.M.
Wonder Grande Hotel, Central Auditorium

Keynote Speaker: Richard Friedman, Chief Executive Officer
Entertainment: Bright Cloud Classical Quartet

Guests may choose from one of the main courses below:

- Vegetarian
- Duck and Rice
- Steak and Potatoes

All main courses are complemented by soup, fresh fruit and a choice of soft drinks and desserts.

Please respond to Alfred Stone in Human Resources at alfred.stone@fumneldoenterprises.net by October 20 to confirm your attendance.

Catering and Flower Arrangement: Eleganze Events Corporation

10. What is the main purpose of the event mentioned in the invitation?
  (A) To congratulate staff for completing a project
  (B) To provide an orientation for new company staff
  (C) To raise money for a promising international venture
  (D) To recognize the achievements of an executive

11. What information is NOT mentioned in the invitation?
  (A) Entry price
  (B) Dining options
  (C) Starting time
  (D) Music type

12. Where should invitees send e-mails?
  (A) To a flower arrangement company
  (B) To a catering service
  (C) To an internal department
  (D) To an event planning business

Questions 13-15 refer to the following e-mail.

From: Felix Carter <f.carter@allfiremail.com>
To: Eileen Anderson <eileen_anderson@jade2000hotel.com>
Date: Monday, April 29, 07:43 A.M.
Subject: Membership number: 983J4Z28

Dear Ms. Anderson,

Two days ago, I reserved one of your luxury double rooms online, for May 17–May 19. I paid a deposit of $150.00 at that time, with the balance of $300.00, plus taxes and fees, scheduled to be paid at check-out.

I have been a Jade Hotel 2000 member for over seven years. However, I neglected to note that fact when I made the reservation. If I had, I would have received 10% off of the price above. I could see no policy on your Web site regarding the usage of membership benefits on a reservation that has already been confirmed but not yet fully paid—as mine is.

Therefore, if at all possible please apply the membership code noted above toward the original cost and then update my account, sending me a confirmatory e-mail afterwards. I believe this is a fair resolution of the issue. However, if there is any problem in doing this, please let me know.

Regards,
Felix Carter

13. Why was the e-mail sent?
 (A) To outline a schedule
 (B) To make a payment
 (C) To request an upgrade
 (D) To ask for a change

14. What is true about Felix Carter?
 (A) He will stay in Jade Hotel for the first time.
 (B) He will pay his hotel charges separately.
 (C) He has reserved two nights.
 (D) He checked policies of membership benefits.

15. What confirmation does the e-mail request?
 (A) Whether a code number is correct
 (B) When an account will become active
 (C) If an initial price has been lowered
 (D) How a Web site feature is operated

Questions 16-19 refer to the following online chat discussion.

ONLINE CHAT

▶ **Priscilla Chan** 8:13 A.M.
Hi everyone. We've got the yearend holidays coming, and we want to make sure that we're fully staffed. Ideas?

▶ **Harry Wallace** 8:15 A.M.
We're going to have a lot of guests staying with us. Let's just post work shift schedules as usual. I don't see a need for any change. After all, we're open 24 hours a day, year-round.

▶ **Irina Chekov** 8:17 A.M.
Some staff—from cleaning staff to front clerks—are going to ask for time off—sometimes one or two weeks—to be with their families. We shouldn't have to tell them all "no."

▶ **Paul Kabiga** 8:19 A.M.
I know that could cause bad feelings in your department. I think the best thing is to grant time off based on seniority. Those who've been with us the longest can take some of those days off.

▶ **Priscilla Chan** 8:22 A.M.
That's logical, but it's sure to disappoint the newest employees.

▶ **Andrew Black** 8:25 A.M.
We could do a split: 90% of the granted vacation time would go to senior employees, the rest to others. It would only take a couple of hours for my assistant to create a spreadsheet on that.

▶ **Priscilla Chan** 8:27 A.M.
I like the sound of that. Have Ricky do that, review it, and then e-mail me.

16. At 8:13 A.M., what does Ms. Chan mean when she writes, "Ideas?"
 (A) She wants staff input.
 (B) She needs feedback on a policy.
 (C) She requires information on a result.
 (D) She needs solutions for a challenge.

17. For what kind of company does Ms. Chan most likely work?
 (A) A department store
 (B) A hotel
 (C) A tour agency
 (D) A restaurant

18. According to the discussion, whose department could be negatively affected?
 (A) Harry Wallace's department
 (B) Irina Chekov's department
 (C) Paul Kabiga's department
 (D) Andrew Black's department

19. What may Ricky be assigned to do?
 (A) Organize figures
 (B) Approve a proposal
 (C) Delete a spreadsheet
 (D) Wait for an e-mail

Questions 20-22 refer to the following instructions.

Headset Rentals
Anders Botanical Gardens

The units in this machine may be used for self-guided audio tours for €4.99 each, charged to your credit card. [1] A unit will be released into the tray below after swiping your card through the slot in the side of the machine. Units provide a full audio commentary of the Gardens and its attractions, including the Orchid House and the Butterfly Sanctuary. [2] Units should be used in combination with tour maps and related literature available at the Service Desk.

To select the appropriate audio commentary for one of the routes marked on the maps, select numbers 1, 2 or 3 on the unit control panel. To stop or start the commentary at any time, press the button marked **S**. [3] To turn the unit on or off, press the **POWER** button. Please note that if the commentary is interrupted for 15 minutes and the machine is not turned off, the unit will emit a series of small sounds.

When finished, please bring the unit to any of the bins marked **RETURN** located throughout the Gardens. [4] We hope you enjoy your visit.

20. What do the instructions mainly explain?
   (A) What local tours contain
   (B) How to operate an appliance
   (C) Where to buy attraction passes
   (D) Who to contact for questions

21. Why are people directed to the Service Desk?
   (A) To submit commentaries
   (B) To acquire documents
   (C) To pick up audio units
   (D) To purchase ticket combinations

22. In which of the positions marked [1], [2], [3], and [4] does the following sentence best belong?
   "A fee of €55 will be charged to your card if this is not done within 48 hours of the initial unit rental or if units are returned damaged."
   (A) [1]
   (B) [2]
   (C) [3]
   (D) [4]

Questions 23-25 refer to the following credit card statement.

Wonder Card
2009 Lincoln Plaza

Date: 8/12

For period 7/12 -8/11

Account Holder(s): Richard Hollis and Sandra D. Hollis
Statement for Credit Card Account 9085-1278-3900-9112
Credit Limit: $55,000
Current Balance: $12,018.16

Minimum Payment Due: $75.00

Date	Time	Transaction	Debit	Credit
7/12	09:45 A.M.	ATM Cash Advance: 3200 3rd Avenue, Boston	$260.00	
7/12	10:31 A.M.	Mitch's Coffee, 2301 Richmond Drive	$33.26	
7/21	11:59 A.M.	Ryder Cookware, Tuttle Street	$129.45	
7/22	12:09 P.M.	Online Payment from Money Market account 897709-09 (thank you)		$980.00
7/27	09:57 A.M.	Super Tickets Hotline, Borden Avenue	$795.00	
8/09	13.09 P.M.	Marcia's Diner, Langston Drive	$39.93	

Pay online at www.wondercard4credit1.com/payments/ or call our 24-hour customer service line at 888-457-2210.

Interest charges and ending balance are on the following pages. To avoid interest charges on your account, full payment of the outstanding balance must reach us within 15 days of the date of this statement. Should interest rates change we will send you written notification (by mail, text or e-mail) at least 90 days prior to the event. We keep all customer information confidential. For a full summary of our confidentiality regulations, please see the other side of this statement.

23. What is NOT included on this statement?
   (A) Period of card activity
   (B) Location of usage
   (C) Caution on interests
   (D) Penalty fees

   Ⓐ Ⓑ Ⓒ Ⓓ

24. What is indicated about Mr. and Mrs. Hollis?
   (A) Their credit limit is under $15,000.
   (B) They bought household products.
   (C) They live in Langston Drive.
   (D) They must pay interest charges within 90 days.

   Ⓐ Ⓑ Ⓒ Ⓓ

25. According to the statement, where can account holders learn about privacy policies?
   (A) On the card Web site
   (B) On the following pages
   (C) On the document rear
   (D) On a previous statement

   Ⓐ Ⓑ Ⓒ Ⓓ

Questions 26-29 refer to the following e-mail.

From:	Jack Nguyen, Marketing Director <j.nguyen@carter_candy.com>
To:	Tehmina Bahktiar, CEO <t.bahktiar@carter_candy.com>
Date:	Wednesday, October 11, 1:03 P.M.
Subject:	Bello Chocolate Bars

Dear Ms. Bahktiar,

I am pleased to state the survey results for Bello Chocolate Bars are very positive.

Bello proved most popular with 7-14 year olds. Although this age group spends a far higher proportion of its income on candy than any other, their disposable income is understandably the lowest. [1] Somewhat surprisingly, Bello was also very popular among people aged 30-60. In fact, our fastest revenue growth is in that age group.

Middle-aged adults not only preferred the item for its outstanding taste but its all-natural content. [2] Our distinctive silver foil wrapping also appealed to shoppers, at least in gaining their initial attention on store shelves.

[3] I believe we should concentrate on promoting Bello among parents. We may be able to convince large numbers of them to add our chocolate as a choice for their children both in take-to-school lunches for cafeterias and as snacks in the home. [4]

I look forward to discussing this in more detail at our meeting tomorrow.

Sincerely,

Jack Nguyen
Marketing director

26. What is the main subject of the e-mail?
  (A) Research findings
  (B) Advertising costs
  (C) Product development
  (D) Customer accounts

  Ⓐ Ⓑ Ⓒ Ⓓ

27. Where is Bello Chocolate Bar consumption growing fastest?
  (A) Among people under 30 years old
  (B) Among low-income shoppers
  (C) Among a certain adult segment
  (D) Among children from specific areas

  Ⓐ Ⓑ Ⓒ Ⓓ

28. According to the e-mail, what is NOT mentioned as a feature of Bello Chocolate Bars?
  (A) Healthy ingredients
  (B) Attractive packaging
  (C) Economical price
  (D) Appealing taste

  Ⓐ Ⓑ Ⓒ Ⓓ

29. In which of the positions marked [1], [2], [3], and [4] does the following sentence best belong?
  "These findings should guide our marketing efforts."
  (A) [1]
  (B) [2]
  (C) [3]
  (D) [4]

  Ⓐ Ⓑ Ⓒ Ⓓ

Questions 30-34 refer to the following notice and e-mail.

Inter-Province Rail Authority (IPRA)

Notice to All Travelers

Date: September 5
Posted in all main commuter areas and trains.

Ticket sales desks will no longer be staffed after September 25.*
Instead, we are doubling the number of automated ticket machines.
Alternatively, travelers can buy tickets at www.inter-provtravel16.com/
tickets/ and print them out at home.

Up-to-date information on fares and schedules will still be available
on screen displays in terminals. Printed timetables may also be found
on the main concourses. In addition, real time service updates can be
received by texting IPRA to 49800.

Please note: although the customer service desks will be staffed 24
hours a day, personnel there will not be authorized to sell tickets.

* Originally advertised as October 25

From: Ned Rohm <ned.rohm@com8mpassorgn.org>
To: customerservice@inter-provtravel16.com
CC: info@evendailstandonline10.net
Date: Thursday, September 6, 02:12 P.M.
Subject: Ticket Desks

Dear Sirs and Madams,

As head of the largest commuter organization in the province and an engineer, I understand the value of trying to increase efficiency and reduce costs. Nevertheless, I believe the changes you propose to your ticket service will be very unpopular. The change you made to the rollout date is especially unhelpful and will certainly cause confusion among riders.

I firmly believe most citizens need ticket desks. For example, sometimes they may need to change destinations at the last minute or upgrade to business class or alter the time of departure. Having reviewed the publicized technical specifications of your new automated system, I see that it cannot do that. Also, some commuters simply may not be comfortable using automated machines or be unable to do so. Some may not even have credit cards.

Please reconsider your plan. I have cc'd this e-mail to the *Evening Daily Standard*, as indicated above.

Regards,

Ned Rohm
Commuter Association Director

30. What is the main purpose of the notice?
    (A) To apologize for a disruption
    (B) To outline an operational change
    (C) To warn of potential travel delays
    (D) To announce a facility launch

    Ⓐ Ⓑ Ⓒ Ⓓ

31. According to the notice, how may people get real-time updates?
    (A) By sending digital messages
    (B) By downloading timetables
    (C) By using automated machines
    (D) By e-mailing customer service

    Ⓐ Ⓑ Ⓒ Ⓓ

32. What does Mr. Rohm state is especially unhelpful?
    (A) Rolling out costly business class seats
    (B) Moving up the launch of a service
    (C) Ignoring important efficiency aspects
    (D) Using outdated travel technologies

    Ⓐ Ⓑ Ⓒ Ⓓ

33. Where did Mr. Rohm gain technical specifications of the automated system?
   (A) From an engineer coworker
   (B) From a commuter organization
   (C) From a published source
   (D) From a major newspaper

34. In the e-mail, what concern is NOT mentioned?
   (A) Travel upgrades
   (B) Ticketing personnel
   (C) Card ownership
   (D) High fares

Questions 35-39 refer to the following letters.

16 Harper Avenue
Warton Township

April 20

Emma Gissing
Store Manager
Emma's Jewelry Box
Rockville Plaza
Inton City

Dear Ms. Gissing,

Please find enclosed a necklace that I bought from your store two weeks ago. I liked its unique appearance, especially the blue and gold beads that match a favorite outfit of mine. I bought it for that reason, despite the fact that it seemed to cost quite a bit. However, I would now like my money returned for that purchase.

Unfortunately, as you can see, its color is now much duller and it looks extremely worn. Also, the clasp has come undone, and will not close all the way. Moreover, I have already lost several of the stones because they had not been fixed in place securely.

I noticed that the necklace was one of several handmade by Leanne Ling Co. I suggest you carefully inspect the other ones to make sure that they are not of such low quality.

Please refund the $499 I paid for the necklace to the credit card number you have on file for me.

Thanks,

Andrea Sorvino
Andrea Sorvino

Emma's Jewelry Box
Rockville Plaza
Inton City

April 23

Andrea Sorvino
16 Harper Avenue
Warton Township

Dear Ms. Sorvino,

I read your letter of April 20. I can assure you that it is not a common experience and that the vast majority of our customers are satisfied with their shopping experiences. Leanne Ling Co. is one of our most reputable suppliers, whose items are usually of a high quality.

Regardless, I understand your situation and am very sorry that we cannot fulfill your request. Our policy in these circumstances is to provide store credit. To that end, I have credited the original purchase price to an account opened in your name. I have also credited an extra $50.00 to that account by way of compensation. Please take advantage of this the next time you visit our store.

If you ask for me by name, I will be happy to show you some of our latest collections.

Sincerely,

Emma Gissing
Emma Gissing
Store Manager

35. According to the first letter, why was the necklace purchased?
   (A) It came with a quality guarantee.
   (B) It cost less than other products.
   (C) It matched another jewelry item.
   (D) It suited a certain piece of apparel.

36. What is NOT a complaint mentioned in the first letter?
   (A) The design is becoming unpopular.
   (B) The coloration is fading away.
   (C) The fastening is breaking down.
   (D) The parts are coming loose.

37. In the second letter, the word "vast" in paragraph 1, line 2 is similar in meaning to
   (A) impressive
   (B) lucrative
   (C) substantial
   (D) unending

38. Why does Ms. Gissing apologize?
 (A) An experience is unusual.
 (B) A policy is changed.
 (C) A refund is unavailable.
 (D) A supplier is not reputable.

39. What is Ms. Sorvino invited to do?
 (A) File for compensation
 (B) Contact Leanne Ling Co.
 (C) Open a credit card account
 (D) Use an offered benefit

Questions 40-44 refer to the following e-mails and itinerary.

To: Vijay Bhaskaran, Sales Manager, Core Veld Pipes
 <vbhaskaran@coreveldpipes.za>

From: Melody Shaw, Purchasing, River Plus Industries
 <melody.shaw@riverplusindustries.net>

Subject: Your Company Services
Date: March 3

Dear Mr. Bhaskaran,

Richard Foster, whom I believe you know quite well, suggested I contact you. He cited the high quality of your products and reasonable prices. We are currently using a different pipe supplier, but could consider changing if your firm could make a competitive offer. I've already visited your company Web site, and would like a chance to talk with you on the phone. Next Monday, March 7, around 9:00 AM Western Pacific Time (GMT-5:00 PM) would be ideal for me.

Regards,
Melody Shaw

To: melody.shaw@riverplusindustries.net
From: vbhaskaran@coreveldpipes.za

Subject: Upcoming Meeting
Date: March 21

Dear Ms. Shaw,

Thank you very much for contacting us. I think our March 7 conversation went very well, as did the follow-up phone discussions. We are glad to know that you will stop by our offices next month while you are on other business in South Africa.

I have attached a tentative itinerary for your April 13 visit. This will be a chance for you to not only meet some of our engineers and managers, but also tour our main factory. Our mutual acquaintance, by the way, will lead the 2:00 P.M. activities. We know that our first face-to-face meeting will be beneficial. We appreciate your confidence so far.

We certainly look forward to meeting you in person.

Vijay Bhaskaran
Sales Manager
Core Veld Pipes

Core Veld Pipes

Itinerary for
River Plus Industries
April 13

Group:
Melody Shaw
Ricardo Morales
Charles Porter
Anne Corelli

9:00 A.M.	Meeting with operations director, sales director, and senior managers
10:00 A.M.	Tour of production facilities
12:00 PM	Lunch at the company cafeteria
2:00 PM	Product demonstrations

40. What took place on March 7?
   (A) A talk about a supplier deal
   (B) A discussion about a company merger
   (C) A negotiation on a Web site upgrade
   (D) An offer to install office equipment

41. What is true about Richard Foster?
   (A) He gave a business recommendation.
   (B) He just departed from South Africa.
   (C) He wrote up an itinerary for some guests.
   (D) He visited a customer's main factory.

42. What is indicated about River Plus Industries?
   (A) It is citing new market research in a study.
   (B) It is recruiting additional managers and engineers.
   (C) It is changing into a different line of business.
   (D) It is seeking a better rate on its purchases.

43. In the second e-mail, the word "confidence" in paragraph 2, line 6, is closest in meaning to
   (A) control
   (B) reaction
   (C) trust
   (D) protection

44. What most likely will Richard Foster do for the visitors from River Plus Industries?
   (A) Introduce sales directors
   (B) Conduct a tour of a factory
   (C) Escort guests to lunch
   (D) Give a product demonstration

Questions 45-49 refer to the following Web page, letter and e-mail.

www.falcotheater.com/schedule/
Falco Theater
Opening on July 13

Sing with Me
Winner of the Appleton Prize for Best Musical in the Province!

The dance and musical extravaganza that has earned critical praise has now arrived in our city!

Featuring:
Lead Performer
Katherine Woods

Supported by:
Hank Greene
Seuk-jin Campbell
Jennifer Abdul

Along with a supporting cast of amazingly talented dancers and singers!

Come see the musical that has gained such as following across the city and province. This is an event for the whole family that you just cannot miss!

Good seats are available at our ticket office or online. Holders of private viewing boxes are invited to attend an exclusive after-performance reception to meet the cast and crew.

Rodrigo Garcia
November 26

Management Office
Falco Theater

To whom it may concern:

I and my family attended the current performance at your theater, and it was great. The clothing, the lighting, not to mention the singing! It was actually the second time that I saw the performance: the first was the week that the performance opened in town. The after-performance reception was also impressive, complete with nice snacks, beverages, and coffee and tea service. My daughter, Tabitha, got an opportunity to speak with and get an autograph from the lead performer. She is only 9 years old, but she is a big fan, and I am sure that she will never forget that experience.

Again, thank you for a wonderful evening.

Sincerely,
Rodrigo Garcia
Rodrigo Garcia
rodrigo196@zoopermail.com

To: Rodrigo Garcia <rodrigo196@zoopermail.com>
From: Ellen Shanks <e.shanks@falcotheater.com>
Date: November 29

Subject: Your letter

Dear Mr. Garcia,

Thank you very much for your letter dated November 26. I am so glad to know that you and your family enjoyed the performance. We hope that you will return for future events here, especially as we will be renovating the interior in February to provide an even better guest experience.

You should also know that Kapley Children's Museum is holding a special children's music workshop on December 3, led by our performer whom your daughter is such a fan of. You and she should stop by. It would certainly be valuable for the both of you.

We appreciate your continued patronage.

Kind Regards,
Ellen Shanks
Public Relations
Falco Theater

45. According to the Web page, what is true about *Sing with Me*?
 (A) It has opened in several provinces.
 (B) It has gotten positive reviews.
 (C) It has set new attendance records.
 (D) It has won multiple awards.

46. When did Rodrigo Garcia first see the musical?
 (A) In February
 (B) In July
 (C) In September
 (D) In November

47. What is indicated about Tabitha Garcia's family?
 (A) They purchased tickets online.
 (B) They received some discounts.
 (C) They purchased private viewing boxes.
 (D) They nearly forgot to go to a reception.

48. Who will be leading the workshop of the Kapley Children's Museum?
 (A) Katherine Woods
 (B) Hank Greene
 (C) Seuk-jin Campbell
 (D) Jennifer Abdul

49. In the e-mail, the word "valuable" in paragraph 2, line 4, is closest in meaning to
 (A) lucrative
 (B) expensive
 (C) beneficial
 (D) powerful

Questions 50-54 refer to the following article, notice, and e-mail.

(**February 9**) Barketell Mountain Park is one of the most beautiful parts of our state. Each year, hundreds of thousands of tourists from all over the country and world come to see it. We want to make sure that future generations can enjoy this treasure. For this reason, state authorities have intensified their efforts to keep visitors from harming this locale in any way. More signs have been posted and staff hired to enforce park rules. The launch of the Green Mountain Center, a private firm which will administer the park on a day-to-day basis, is also a very positive step. This firm is well experienced at serving government agencies, and will reduce their operational costs. With these additional costs, it is understandable that the park administrators have decided to double the price of boating permits from March 1.

Barketell Mountain Park
Notice Posted on February 26
By Green Mountain Center

Attention Visitors!

Thank you for visiting. We hope you will take the time to enjoy the scenery and great views this location affords.

While here, please pay attention to the following guidelines:
- No littering
- No camping
- No hunting or harming of wildlife
- No operation of any motorized vehicles

Boating is permitted in the area. Permits are $50 each, and can be purchased online at www.barketellmountainpark.gov/permits/
You must show your permit to park staff when asked. Failure to carry a permit carries a fine of $400.

You can receive updates on park regulations, local weather conditions, and other information by texting to: 555-9028. For other information, e-mail visitor services: info@barketellmountainpark.gov

To: Barketell Mountain Visitor Services
    <info@barketellmountainpark.gov>
From: Omar Barzani
    <omar301@wirezipmail.com>
Date: March 17
Subject: Boating Permits

To whom it may concern:

I am writing about getting a boat permit for this year. I went to your Web site, but it stated that it was "down for maintenance" and I could not use any of its purchase functions. I am wondering when the Web site will be up again so that I can use it, since it has already been 18 hours.

I am also willing to call to pay for the permit by phone, if that is possible or necessary. I hope to get the permit as early as possible, so please contact as soon as possible to let me know what I should do.

Thanks,
Omar Barzani

50. According to the article, what is true about Barketell Mountain Park?
   (A) More cleanup efforts have been started.
   (B) More personnel have been recruited.
   (C) The environment has become worse.
   (D) The number of visitors have decreased.

51. In the article, the word "treasure" in paragraph 1, line 4, is closest in meaning to
   (A) fund
   (B) price
   (C) attraction
   (D) investment

52. Who posted the notice?
   (A) A government agency
   (B) A tourist firm
   (C) An environmental research group
   (D) A privately-owned business

53. What restriction is NOT mentioned in the notice?
   (A) Security rules
   (B) Vehicle usage
   (C) Trash regulations
   (D) Animal protection

54. How much will Mr. Barzani have to pay for the boating license?
   (A) $50
   (B) $100
   (C) $200
   (D) $400

Correct Answers Q1-2

検索ポイント＋日本語訳

設問1〜2は次のハガキに関するものです。

ランドン様

Q1 ハガキが送られた理由
Q2 Landonさんについて言えること

面接の日時を確認するためのご連絡です。6月9日火曜日、午前11時30分に面接を予定しています。あなたは8月にコンピュータ・プログラミングの学校を卒業されますが、そのときの仕事の選択肢についてお話ししようと考えています。履歴書とこれまでの仕事のサンプルを必ずお持ちください。ご都合が悪い場合は m.gomez@mortoncorportaion.com にメールにてご連絡ください。

よろしくお願いいたします。

マリア・ゴメス
人事部採用担当
モートン・トイ社

ボキャブラリー

- □ **reminder** 名 確認；注意喚起
- □ **option** 名 選択肢
- □ **promote** 他 売り込む
- □ **review** 他 検討する
- □ **interview date** 面接日程
- □ **résumé** 名 履歴書
- □ **confirm** 他 確認する
- □ **recruiter** 名 採用担当者

正解・解説

1. 正解：(C) 文章の目的 ★

検索 Point! 「ハガキが送られた理由」を探す。

解説 冒頭を見ると、This is a reminder of your interview date with us on Tuesday June 9 at 11:30 A.M. とある。reminder は「確認通知」という意味で、interview date（面接の日時）を確認するためとわかる。「約束を確認するため」とする (C) が正解。

なぜこのハガキが送られたのですか。
(A) 情報を求めるため
(B) 新製品を宣伝するため
(C) 約束を確認するため
(D) 合意を検討するため

2. 正解：(D) 関連情報 ★

検索 Point! 「Landon（ランドン）さんについて言えること」を探す。

解説 まず冒頭の宛名を見て、Ms. Landon がハガキの受け手であることを確認しておく。when you graduate from your computer programming academy in August から「コンピュータ・プログラミング」を学んだことが読み取れるので、「彼女は技術の分野を勉強してきた」とする (D) を選ぶ。

ランドンさんについてどのようなことが言えますか。
(A) 彼女は採用担当者として働いてきた。
(B) 彼女はさまざまなおもちゃをデザインしてきた。
(C) 彼女は学校で教えてきた。
(D) 彼女は技術の分野を勉強してきた。

Correct Answers　Q3-4

検索ポイント＋日本語訳

設問 3 〜 4 は次のレターに関するものです。

アズマ・テレコム・カンパニー
フルマー・ビル
ゴールドバーグ・アベニュー
フェニックス、アリゾナ州89752

11月10日

シャーリーン・リンドバーグ
レゾンド・ストリート2734番地
チャールストン、サウスカロライナ州04691

リンドバーグ様

当社のサービスをご契約いただき、また11月5日には契約を更新いただき、まことにありがとうございます。ご存知のことと思いますが、これまで当社はブロードバンドと無線のサービスのみを提供してまいりました。しかし喜ばしいことに、11月20日より、ビデオ、電子ブック、デジタルゲームなどのオンラインコンテンツの提供を始めることになりましたので、お知らせ申し上げます。　　　　　　　↑**Q3** レターの目的

これは、お客様のより幅広いご要望に低料金でお答えするものです。つまり、現在ご契約いただいている方はこれらサービスを大幅な割引料金でお楽しみいただけます。11月30日までに詳細をメールでお知らせいたします。
　　　　　　　↑**Q4** 特別料金のお知らせの送付日
オールラウンドのデジタルサービスとエンテテインメントのプロバイダーであるアズマをお選びいただきましたことに、重ねてお礼申し上げます。

敬具
リアム・エルバ
お客様サービス部長

ボキャブラリー

- **subscribe to** 　〜に加入・契約する
- **subscription** 　加入；契約
- **as of** 　〜付けで
- **be eligible for** 　〜の資格がある
- **e-mail inbox** 　メールの受信トレー
- **feedback** 　意見・評価
- **renew** 　更新する
- **aware** 　理解して
- **in response to** 　〜に応えて
- **substantial** 　大幅な
- **all-around** 　総合的な；万能の

正解・解説

3. 正解：(A)　文章の目的　★

検索 Point! 「レターの目的」を探す。

解説　第1パラグラフの終わりの as of November 20, we will also be offering online content, including videos, e-books and digital games に注目。「ビデオ、電子ブック、デジタルゲームなどのオンラインコンテンツの提供を始める」ことを知らせている。第2パラグラフも新サービスの説明なので、「新しいサービスを紹介する」としている (A) が最適である。

　このレターの主な目的は何ですか。
(A) 新しいサービスを紹介する
(B) 注文を確認する
(C) 意見を求める
(D) 更新を促す

4. 正解：(D)　ピンポイント情報　★

検索 Point! 「特別料金のお知らせの送付日」を探す。

解説　設問の special price offers が問題文中では、substantial discounts（大幅な割引）になっているので注意。次の文に、Look for these in your e-mail inbox by November 30! と書かれている。(D) が正解。

　特別料金のお知らせはいつ送られてきますか。
(A) 11月5日までに
(B) 11月10日までに
(C) 11月20日までに
(D) 11月30日までに

Correct Answers Q5-7

検索ポイント＋日本語訳

設問 5 〜 7 は次のテキストメッセージチェーンに関するものです。

ウォルト・バーマン　午後1:01
私は今、国際線の到着ラウンジにいます。クライアントのカルタ・ペーパー社の人たちを乗せた飛行機が着陸したところです。

レオラ・ビアンキ　午後1:02
よかった。彼らをピックアップしたら、ここではなく、ホテルに直行してちょうだい。明日の会議まで製品の展示ができないから。

　↑ **Q5** 担当者が訪問する理由

ウォルト・バーマン　午後1:04
わかっています。後で、向こうであなたも一緒になるのですよね。

レオラ・ビアンキ　午後1:05
そうよ。ハリーズ・レストランで、歓迎ディナーをとりましょう。

ウォルト・バーマン　午後1:07
その店なら知っています。ロビーにあるやつですよね。予約を入れましょうか。

　↑ **Q6** Harry's Restaurant の情報

レオラ・ビアンキ　午後1:09
その必要はないでしょう。その店は平日はそれほど混んでいないから。まず、クライアントが問題なくチェックインできるようにしてあげて。きちんと仕切ってね。

　　　　　　　　　　↑ **Q7**「Stay on top of things.」の意図

ウォルト・バーマン　午後1:11
そうします。あなたはいつこちらに来ますか。

レオラ・ビアンキ　午後1:12
午後6時くらいね。何か変更があったら、テキストを送ります。

ボキャブラリー

touch down 着陸する
stay on top of 〜を掌握している
demonstrate 動 実演する；紹介する
deal 名 取引
recruit 動 採用する
pick 〜 up 〜を出迎える
assignment 名 業務
pending 形 未決定の
revise 動 改訂する

正解・解説

5. 正解：(C)　ピンポイント情報　★

検索 Point! 「Kalta Paper Co. の担当者がこの会社を訪問する理由」を探す。

解説　Bianchi さんが We won't do any product displays until the meetings tomorrow. と書いているのに注目。明日の会議で「製品の展示をする」ことがわかる。これを Kalta Paper Co. の担当者の立場から、「現在の製品を見るため」とする (C) が正解である。

> なぜカルタ・ペーパー社の担当者はこの会社を訪問するのですか。
> (A) 仕事を説明するため
> (B) クライアントについてたずねるため
> **(C) 現在の製品を見るため**
> (D) 電子サービスを見せるため

6. 正解：(C)　関連情報　★★

検索 Point! 「Harry's Restaurant の情報」を探す。

解説　Bianchi さんが「Harry's Restaurant でディナーをする」と書いているのに対して、Berman さんは I know that place: it's right down there in the lobby. と書いている。ここからこのレストランは「ロビーにある」ことがわかる。これを「それはホテル内にある」と言い換えた (C) が正解。なお、premises は「敷地；建物」の意味。

> ハリーズ・レストランについて何がわかりますか。
> (A) それは予約が必要である。
> (B) それは平日は混んでいる。
> **(C) それはホテル内にある。**
> (D) それは食事客に特別なイベントを催す。

7. 正解：(B)　表現の意図　★★★

検索 Point! Bianchi さんの「Stay on top of things.」の意図を探る。

解説　Bianchi さんはこの言葉の前に、Just make sure that they can check into their rooms without any problems. と「顧客を問題なくチェックインできるように」と指示している。Stay on top of things. はこれを受けているので、(B) の「状況はチェックされなければならない」が正解。なお、stay on top of は「～を掌握している」という意味で、この表現を知っていれば容易に解ける。

> 午後1:09に、レオラ・ビアンキが「Stay on top of things.」と書くとき、彼女は何を意図していますか。
> (A) 未決の取引は見直されなければならない。
> **(B) 状況はチェックされなければならない。**
> (C) 仕事は変更されなければならない。
> (D) グループは採用されなければならない。

Correct Answers Q8-9

検索ポイント＋日本語訳

設問 8 ～ 9 は次の請求書に関するものです。

リシュ・デコール・ファーニシングズ
オーストラリア No.1 のオンライン家具小売店！
www.rishedecor.co.ca

必ずご満足いただけます！

サンジャイ・ラオ
アベンデール・アパートメンツ3109号室
シドニー

請求書番号：551738177
出荷日：4月24日

ラオ様
リシュ・デコール・ファーニシングズをご利用いただきありがとうございます。ご注文の商品がすべて損傷なく届いているかどうかご確認をお願いします。この請求書は記録用に必ず保存してください。

コード	詳細	数量	価格	合計
HU/20817	リビングルームセット ソファ1 椅子3 テーブル1	1	A$1,700	A$1,700
XJ/090	ダイニングルールセット テーブル1 椅子4	1	A$250	A$250
小計				A$1,950
売上税（10%）				A$195
送料				A$119
請求合計				A$2,264
分割払い				今回の支払額： A$377*

Q8 請求書に含まれている情報

* 無利息の分割払いプランをご利用になっていて、初回の支払期限は7月26日です。この請求書は初回発行分となります。分割払いプランは月々377オーストラリアドルを5回、最終回に379オーストラリアドルをお支払いいただくものです。支払期限は毎月26日です。お支払いが遅れると、分割払い利用の権利が取り消しになり、ご購入額の全額をご請求することになりますので、ご注意ください。

Q9 分割払いの回数

ボキャブラリー

- **retailer** 名 小売店
- **invoice** 名 請求書；インボイス
- **complete** 形 完全な
- **installment plan** 分割払い
- **interest-free** 形 金利負担のない
- **consist of** 〜で構成される
- **warranty** 名 保証(書)
- **guarantee** 他 保証する
- **shipment date** 出荷日
- **undamaged** 形 損傷のない
- **amount now due** 今回の支払額
- **issue** 他 発行する
- **itemize** 他 項目別にする

正解・解説

8. 正解：(D)　NOT問題　★★

検索Point!　「請求書に含まれていない情報」を探す。

解説　(A)の「商品の識別情報」は表中のCodeの列に、(B)の「項目ごとの代金」はTotalの列に、(C)の「課税額」はSales Tax (10%)の行にそれぞれ対応する。(D)の「保証の詳細」については記述がないのでこれが正解となる。

この請求書に含まれていない情報は何ですか。
(A) 商品の識別情報
(B) 項目ごとの代金
(C) 税金の額
(D) 保証の詳細

9. 正解：(D)　ピンポイント情報　★★

検索Point!　「分割払いの回数」を探す。

解説　設問のinstallment paymentsとは「分割払い」のことである。表下の説明文中のYour plan consists of 5 monthly payments of A$377 and one final payment of A$379. に注目。「A$377が5カ月」+「最終月はA$379」なので、6回（カ月）の分割払いである。(D)が正解。

今回の購入は何回で分割払いされますか。
(A) 1回
(B) 3回
(C) 5回
(D) 6回

Correct Answers Q10-12

検索ポイント＋日本語訳

設問 10 〜 12 は次の招待状に関するものです。

ファムネルド・エンタープライゼズが
特別な夜の集いに心を込めてご招待申し上げます

このたび、勤続37年になる人事部長のナタリア・オーロヴァさんが退職されます。当社に対するオーロヴァさんの比類ない貢献に感謝するとともに、彼女の人生の次のステージを祝福する集いに招待いたします。

　　　　　　　　　　　　　　↑ **Q10** イベントの主な目的

11月13日
午後6時〜10時
ワンダーグランデ・ホテル、中央ホール

Q11 招待状に書かれている情報

祝辞：リチャード・フリードマン、最高経営責任者
ショー：ブライトクラウド・クラシック四重奏団

メイン料理は次の中からお選びいただけます：

- ベジタリアン料理
- 鴨とライス
- ステーキとポテト

どのメイン料理にもスープ、新鮮な果物、お好みのソフトドリンク、デザートが付きます。

ご出席について、10月20日までに人事部のアルフレッド・ストーン alfred.stone@fumneldoenterprises.net までご返信ください。

　　　　　　　　　　　　　　　↑ **Q12** 招待客がメールを出す宛先

ケータリングおよびフラワーアレンジ：エレガンズ・イベンツ社

ボキャブラリー

- **cordially** 副 心を込めて
- **step down** 退任する
- **acknowledge** 動 感謝する；祝福する
- **contribution** 名 貢献
- **keynote speaker** 基調演説者
- **congratulate** 動 祝う
- **achievement** 名 業績
- **Human Resources Director** 人事部長
- **attendance** 名 出席
- **outstanding** 形 傑出した
- **Central Auditorium** 中央ホール
- **complement** 動 補う
- **recognize** 動 認める
- **internal** 形 社内の；内部の

正解・解説

10. 正解：(D) ピンポイント情報 ★
検索 Point!「イベントの主な目的」を探す。

解説 冒頭は人事部長の Natalia Orlova が退職することを述べている。次の文の We welcome your attendance at an event to acknowledge her outstanding contributions to our firm で event が使われていて、「会社への彼女の傑出した貢献に感謝する」ためにイベントが行われることがわかる。したがって、「幹部社員の業績を称える」としている (D) が最適である。

招待状に記載されているイベントの主な目的は何ですか。
(A) プロジェクトを完了した社員のお祝いをする
(B) 新入社員にオリエンテーションを行う
(C) 有望な国際ベンチャー事業のために資金を募る
(D) 幹部社員の業績を称える

11. 正解：(A) NOT 問題 ★★
検索 Point!「招待状に書かれていない情報」を探す。

解説 (B) の「食事の選択肢」は Guests may choose from one of the main courses below: に、(C) の「開宴時刻」は 6:00 P.M.- に、(D) の「音楽の種類」は Entertainment: Bright Cloud Classical Quartet にそれぞれ対応する。(A) の「参加費」だけが記述がないのでこれを選ぶ。

招待状に記載されていない情報は何ですか。
(A) 参加費
(B) 食事の選択肢
(C) 開宴時刻
(D) 音楽の種類

12. 正解：(C) ピンポイント情報 ★
検索 Point!「招待客がメールを出す宛先」を探す。

解説 返信については最後のほうに Please respond to Alfred Stone in Human Resources at alfred.stone@fumneldoenterprises.net と出ている。「人事部の Alfred Stone」のメールアドレスに送付する。なお、このアドレスはタイトル部分の社名 (Fumneldo Enterprises) に一致していることからも社内のものである。Alfred Stone は社内の人事部の人間なので、(C) の「社内の一部署へ」が正解である。

招待された人はどこへメールを送るべきですか。
(A) フラワーアレンジの会社へ
(B) ケータリングサービスの会社へ
(C) 社内の一部署へ
(D) イベントプランニングの会社へ

Correct Answers　Q13-15

検索ポイント＋日本語訳

設問 13 〜 15 は次のメールに関するものです。

送信者：フェリックス・カーター <f.carter@allfiremail.com>
宛先：アイリーン・アンダーソン <eileen_anderson@jade2000hotel.com>
日付：4月29日月曜、午前07：43
件名：会員番号 983J4Z28

アンダーソン様

2日前、私はネットで貴ホテルのラグジュアリー・ダブルルームを5月17日〜5月19日の間予約しました。そのときにデポジットとして150ドルを支払い、残額の300ドルと税金、手数料はチェックアウトのときに支払う予定です。　→ **Q14** Felix Carter について正しいこと

私は7年間にわたりジェイド・ホテル2000の会員です。しかし、予約をするときに、この事実をお知らせするのを忘れました。会員であれば、上記料金の10％が割引になったはずですね。予約の際の会員特典の使用については、貴ホテルのウェブサイトには何も方針が書かれていませんでした。予約はすでに確認されましたが、私の場合はまだ全額を支払っているわけではありません。

　　　　　　　　Q13 メールの目的　　　　　　　　　**Q15** メールが求めている確認
ですので、可能であれば、上記の会員番号を元の価格に適用していただき、私のアカウントを更新し、その後、確認のメールを送っていただけませんでしょうか。これが、この件の公正な解決策だと思います。しかし、このやり方に問題がありましたら、ご連絡ください。

よろしくお願いします。
フェリックス・カーター

ボキャブラリー

- **luxury** 形 ぜいたくな
- **balance** 名 残額
- **note** 他 知らせる
- **confirm** 他 確認する
- **update** 他 更新する
- **issue** 名 問題
- **lower** 他 低下させる
- **deposit** 名 デポジット；預かり金
- **neglect** 他 怠る
- **membership benefits** 会員の特典
- **apply** 他 適用する
- **confirmatory** 形 確認の
- **outline** 他 〜を説明する
- **feature** 名 特徴

正解・解説

13. 正解：(D)　文章の目的　★★

検索 Point!「メールが出された理由」を探す。

解説　第2パラグラフで「会員登録をしていた」ことと「会員なら10％の割引が受けられる」ことを述べ、第3パラグラフで please apply the membership code noted above toward the original cost and then update my account, sending me a confirmatory e-mail afterwards. と、「会員料金の適用（割引）」と「アカウントの更新」を求めている。(D) の「変更を求めるため」が適切。

なぜこのメールは送られたのですか。
(A) スケジュールの概要を説明するため
(B) 支払いをするため
(C) アップグレードを求めるため
(D) 変更を求めるため

14. 正解：(B)　関連情報　★★

検索 Point!「Felix Carter（フェリックス・カーター）について正しいこと」を探す。

解説　第1パラグラフに I paid a deposit of $150.00 at that time, with the balance of $300.00, plus taxes and fees, scheduled to be paid at check-out. と書かれていて、料金は2回に分けて支払う。separately（別々に分けて）を使って表現した (B) が正解。「7年以上会員」ということなので、「初めて滞在する」という (A) は誤り。I reserved one of your luxury double rooms online, for May 17-May 19. より、「彼は2晩予約した」とする (C) も誤り。また、I could see no policy on your Web site regarding the usage of membership benefits より、「会員の特典の方針を確認した」とする (D) も誤りである。

フェリックス・カーターについて正しいことは何ですか。
(A) 彼はジェイド・ホテルに初めて滞在する。
(B) 彼はホテルの料金を別々に分けて支払う。
(C) 彼は2晩予約した。
(D) 彼は会員の特典の方針を確認した。

15. 正解：(C)　ピンポイント情報　★★

検索 Point!「メールが求めている確認の内容」を探す。

解説　第3パラグラフの if at all possible please apply the membership code noted above toward the original cost より、「会員コードを適用する」ことを求めている。また、第2パラグラフの If I had, I would have received 10% off of the price above. から、「会員であれば10％の割引が受けられる」ので、「元の価格が安くなったかどうか」とする (C) が正解である。

メールは何の確認を求めていますか。
(A) コード番号が正しいかどうか
(B) アカウントがいつ使えるようになるか
(C) 元の価格が安くなったかどうか
(D) ウェブサイトの特徴がどのように操作されているか

Correct Answers　Q16-19

検索ポイント＋日本語訳

設問16～19は次のオンラインチャット・ディスカッションに関するものです。

プリシラ・チャン　午前8:13
皆さん、こんにちは。年末休暇が近づいてきました。スタッフが足りているか確認したいのですが。<u>何かアイデアは？</u>
　　　　　　　↑**Q16**「Ideas?」の意図

ハリー・ウォレス　午前8:15
<u>たくさんのお客様が宿泊される予定です。</u>いつものように交替勤務のスケジュールを張り出しましょう。変更は必要ないでしょう。結局のところ、我々は1日24時間、1年中営業しているのですから。
　　　↑**Q17** どんな種類の会社か

イリーナ・チェコフ　午前8:17
清掃係やフロント係などのスタッフが何人か休暇を求めています。1週間か2週間ですが、家族とともに過ごすためです。彼らにすべて「ノー」とは言えませんよ。

ポール・カビガ　午前8:19　　　┌─**Q18** 悪影響を受ける部門
そんなことをすると、<u>君の部門</u>の雰囲気が悪くなるよね。最良の方法は、勤続年数に応じて休暇を与えることでしょう。一番長く働いている人は何日かは休めるようにすればいいでしょう。

プリシラ・チャン　午前8:22
それは論理的だけれど、新しい社員はきっとがっかりするでしょう。

アンドリュー・ブラック　午前8:25
分割するのはどうでしょう。<u>与えられる休暇の90％はベテラン社員に、残りを他の社員にというように。そのスプレッドシートは私のアシスタントが2時間くらいでつくってくれますよ。</u>

プリシラ・チャン　午前8:27　　　　　↑**Q19** Rickyがする仕事
それがいいかもしれないですね。<u>リッキーにそれをやってもらって</u>、確認してから、私にメールしてください。

ボキャブラリー

- □ **post** 他 掲示する
- □ **year-round** 副 一年中
- □ **grant** 他 与える
- □ **logical** 形 論理的な
- □ **like the sound of** （アイデアなどが）素晴らしいと思う
- □ **input** 名 意見
- □ **organize** 他 まとめる
- □ **shift** 名 交替勤務
- □ **cause** 他 もたらす
- □ **seniority** 名 勤続年数
- □ **split** 名 分割
- □ **feedback** 名 反応
- □ **delete** 他 削除する

正解・解説

16. 正解：(A) 表現の意図 ★★

検索 Point! Chan (チャン) さんの「Ideas?」の意図を探る。

解説 Chan さんは年末休暇が近づく中で、「スタッフが足りているか確認したい」として、Ideas? と言っている。他の3人のスタッフはそれぞれ自分の考えを述べているので、Ideas? は「意見を促している」表現である。「彼女はスタッフの意見がほしい」とする (A) が正解。policy (方針) や challenge (問題) は Ideas? の前に出ていないので、それぞれへの対応を求めている (B) や (D) は誤りである。

午前8:13にチャンさんが「Ideas?」と書くとき、彼女は何を意図していますか。
(A) 彼女はスタッフの意見がほしい。
(B) 彼女は方針についての感想がほしい。
(C) 彼女は結果についての情報を求めている。
(D) 彼女は問題に対する解決策がほしい。

17. 正解：(B) ピンポイント情報 ★

検索 Point! 「どんな種類の会社か」を特定する言葉を探す。

解説 Wallace さんの guests staying with us (私たちのところに泊まる客)、Chekov さんの front clerks (フロント係) から、この会社は「ホテル」であることがわかる。(B) が正解。

チャンさんはどんな種類の会社で働いているでしょうか。
(A) デパート
(B) ホテル
(C) 旅行代理店
(D) レストラン

18. 正解：(B) ピンポイント情報 ★

検索 Point! 「悪影響を受ける部門」を探す。

解説 Kabiga さんの I know that could cause bad feelings in your department. (そんなことをすると、君の部門の雰囲気が悪くなるよね) に注目。この your は直前の発言者の Irina Chekov を指す。したがって、(B) が正解。

この話し合いによると、どの部門が悪影響を受けそうですか。
(A) ハリー・ウォレスの部門
(B) イリーナ・チェコフの部門
(C) ポール・カビガの部門
(D) アンドリュー・ブラックの部門

19. 正解：(A) ピンポイント情報 ★★

検索 Point! 「Ricky（リッキー）がする仕事」を探す。

解説 Chan さんは最後の発言で、Have Ricky do that と書いている。do that は直前の Black さんの発言の「与えられる休暇の90％はベテラン社員に、残りを他の社員に与える。そのスプレッドシートをアシスタントにつくってもらう」に対応する。何らかの数字の処理をすることになるので、これを「数字をまとめる」と表現した (A) が正解になる。

リッキーは何をすることを任されますか。
(A) 数字をまとめる
(B) 提案を承認する
(C) スプレッドシートを削除する
(D) メールを待つ

Correct Answers Q20-22

検索ポイント＋日本語訳

設問 20 ～ 22 は次の指示に関するものです。

Q20 この指示の目的 ──→ **貸ヘッドホン**
アンダース植物園

この機械に入っているヘッドホンは、音声によるガイドツアーにお使いいただくもので、1台 4.99ユーロ、クレジットカードによる支払いとなります。機械の側面にあるスロットにカードを通すと、下の取り出し口にヘッドホンが出てきます。オーキッドハウス、バタフライサンクチュアリを含め、植物園とその見所について、すべての音声解説をヘッドホンで聞くことができます。ヘッドホンはサービスデスクで用意しているツアーマップや関連パンフレットと一緒にお使いください。 **Q21** サービスデスクに行く理由

マップに印のある各ルートに合った音声解説を選ぶには、ヘッドホンのコントロールパネルにある1、2、3の番号を選択します。**S**のボタンを押せば、いつでも解説を止めたり、始めたりできます。ヘッドホンの電源の入／切は**電源**ボタンを押します。解説を15分間止めていてヘッドホンの電源を切っていない場合は、小さな音が連続して出ますのでご注意ください。

使用後のヘッドホンは、植物園の各所にある**返却**と書かれた容器にお返しください。ヘッドホンの貸出時から48時間以内に返却されない場合や、返却時にヘッドホンが壊れていた場合には、クレジットカードに55ユーロの料金を請求させていただきます。園内散策をお楽しみください。 **Q22** 「特別な料金」についての文が入る場所

ボキャブラリー

- **instructions** 名 指示
- **botanical garden** 植物園
- **self-guided audio tour** 音声付きガイドツアー
- **release** 動 離す；放つ
- **commentary** 名 解説
- **sanctuary** 名 保護区
- **literature** 名 パンフレット
- **interrupt** 動 中断する
- **bin** 名 箱
- **appliance** 名 電気機器
- **submit** 動 提出する
- **headset** 名 ヘッドホン
- **unit** 名 機器
- **swipe ~ through ...** ~を…に通す
- **attraction** 名 見所
- **in combination with** ~と一緒に
- **appropriate** 形 適切な
- **emit** 動 発する
- **contain** 動 含む
- **direct** 動 導く
- **purchase** 動 購入する

正解・解説

20. 正解：(B)　文章の目的　★

検索 Point!「この指示の目的」を探す。

解説 タイトルを見ると Headset Rentals とあり、第1パラグラフの冒頭には、The units in this machine may be used for self-guided audio tours と書かれていて、音声ガイドツアーに使う「レンタルヘッドホン」の説明だと見当がつく。第2パラグラフは「ヘッドホンの操作法」、第3パラグラフは「返却法と料金」について書かれている。「機器の使用方法」とする (B) が最適。

　この指示は主に何について説明していますか。
　(A) 地方ツアーの内容
　(B) 機器の使用方法
　(C) アトラクションのパスを買う場所
　(D) 質問すべき人

21. 正解：(B)　ピンポイント情報　★★★

検索 Point!「サービスデスクに行く理由」を探す。

解説 Service Desk は第1パラグラフの最後の Units should be used in combination with tour maps and related literature available at the Service Desk. に出てくる。in combination with は「～と一緒に」の意味で、ヘッドホンはサービスデスクで手に入る「ツアーマップ (tour maps) とパンフレット (literature)」と一緒に使うことがわかる。これらを documents に言い換えて「書類をもらうため」とする (B) が正解。

　なぜ人々はサービスデスクに行くよう案内されているのですか。
　(A) コメントを提出するため
　(B) 書類をもらうため
　(C) 音声機器を受け取るため
　(D) 組み合わせチケットを買うため

22. 正解：(D)　文挿入　★★

検索 Point!　「ヘッドホンの返却が遅れたときや壊したときの料金」についての文が入る場所を探す。

解説　ヘッドホンを使用した後の話なので、最後の方に入ると想定する。第3パラグラフの冒頭文では please bring the unit と「返却」のことを述べていて、挿入する文の this はこの bring the unit を受ける。したがって (D)[4] に入れるのが最適。[1][2] はヘッドホンの入手法や機能説明の途中になるので不可。[3] はヘッドホンの操作法の途中であり、ここもおかしい。

次の文は [1][2][3][4] と示したどの位置に入れるのが最適でしょうか。
「ヘッドホンの貸出時から48時間以内に返却されない場合や、返却時にヘッドホンが壊れていた場合には、クレジットカードに55ユーロの料金を請求させていただきます」
(A) [1]
(B) [2]
(C) [3]
(D) [4]

Correct Answers　Q23-25

検索ポイント＋日本語訳

設問 23 〜 25 は次のクレジットカード明細に関するものです。

ワンダーカード
リンカーンプラザ2009番地

日付：8月12日
期間：7月12日〜8月11日　←

口座名義人：リチャード・ホリスおよびサンドラ・D・ホリス
クレジットカード口座 9085-1278-3900-9112 の明細
クレジット限度額：55,000 ドル
現在の残高：12018.16 ドル

Q23 この明細書に含まれているもの

Q24 Hollis 夫妻について示されていること

使用最低額：75 ドル

日付	時間	取引	出金	入金
7月7日	午前 09:45	ATMによる現金引き出し サード・アベニュー3200、ボストン	$260.00	
7月12日	午前 10:31	ミッチズ・コーヒー リッチモンド・ドライブ2301	$33.26	
7月21日	午前 11:59	ライダー調理器具 タトル・ストリート	$129.45	
7月22日	午後 12:09	マネーマーケット口座 897709-09 からのオンライン入金 （ありがとうございます）		$980.00
7月27日	午前 09:57	スーパー・チケッツ・ホットライン ボーデン・アベニュー	$795.00	
8月9日	午後 13.09	マルシアズ・ダイナー ラングストン・ドライブ	$39.93	

オンラインでの支払いは www.wondercard4credit1.com/payments/ でお願いします。
または、当社の24時間カスタマーサービスの 888-457-2210 にお電話ください。

金利請求額と最終的な残高は次からのページに記載されています。お客様の口座に金利がか←
かるのを避けるため、本明細の日付から15日以内に未払い残高の全額が入金されるようにお
願いします。金利が変更になる場合には、それが実施される90日前までに書面の通知（郵便、
テキストメッセージまたはメール）をお送りします。当社はすべての顧客情報を秘密裏に保守
します。秘密保持規則の完全な要約はこの明細書の裏面をご覧ください。

Q25 個人情報の指針がわかる場所

> ボキャブラリー

- **statement** 名 明細書
- **current balance** 現在の残高
- **cash advance** 現金引き出し；キャッシングサービス
- **interest charges** 金利請求額
- **notification** 名 通知
- **confidential** 形 秘密保持の
- **confidentiality regulations** 秘密保持規則
- **location** 名 場所
- **credit limit** クレジット限度額
- **due** 形 支払うべき
- **outstanding** 形 未払いの
- **prior to** 〜より前に
- **summary** 名 要約
- **in advance** 前もって

> 正解・解説

23. 正解：(D)　NOT問題　★

検索Point!「明細書に含まれていないもの」を探す。

解説 (A) の Period of card activity（カードの使用期間）は冒頭部分に For period 7/12-8/11 とある。(B) の Location of usage（使用場所）は表中の Transaction の各項目に書かれている。(C) の Caution on interests（金利についての注意）は表下の Interest charges 以下で説明されている。(D) の Penalty fees（罰則金額）だけが記述がないので、これが正解となる。

この明細書に含まれていないものは何ですか。
(A) カードの使用期間
(B) 使用場所
(C) 金利についての注意
(D) 罰則金額

24. 正解：(B)　関連情報　★★

検索Point!「Hollis（ホリス）夫妻について示されていること」を探す。

解説 表の中の 7/21 の項目を参照。Transaction 欄に「Ryder Cookware」とある。cookware は「調理器具」という意味で、ここからホリス夫妻が「調理器具」＝「household products（家庭用品）」を購入していることがわかる。(B) が正解。Credit Limit $55,000 から (A) は誤り。(C) の Langston Drive は Marcia's Diner の所在地なので、これも誤り。(D) の90日は金利請求額の支払期間ではなく、金利変更の事前通知期間なので、これも不可。

ホリス夫妻について何が示されていますか。
(A) 彼らのクレジット限度額は1万5000ドル以下である。
(B) 彼らは家庭用品を購入した。
(C) 彼らはラングストン・ドライブに住んでいる。
(D) 彼らは90日以内に金利請求額を支払わなければならない。

25. 正解：(C) ピンポイント情報 ★★

検索 Point!「個人情報の指針がわかる場所」を探す。

解説 privacy policies（個人情報の指針）については、表下の説明文の最後に confidentiality regulations と別の表現で出ている。please see the other side of this statement と、「この明細書の裏面を見る」ことを求めている。the other side of this statement を the document rear と言い換えた (C) が正解。rear は「裏面」の意味。

この明細書によると、口座保有者は個人情報の指針についてどこで知ることができますか。
(A) カードのウェブサイトで
(B) 次からのページで
(C) この書類の裏面で
(D) 以前の明細書で

Correct Answers Q26-29

検索ポイント＋日本語訳

設問 26 〜 29 は次のメールに関するものです。

送信元：ジャック・グエン、マーケティング部長 <j.nguyen@carter_candy.com>
受信者：テーミナ・バークティア、CEO <t.bahktiar@carter_candy.com>
日時：10月11日水曜日、午後1時3分
件名：ベロ・チョコレートバー

バークティア様

<u>ベロ・チョコレートバーのアンケート結果がとても良かったとお伝えできることを嬉しく思います。</u> ← **Q26 メールの目的**

ベロは7歳から14歳の間で最も人気があることがわかりました。この年齢層は他の層に比べ収入のかなり高い割合をお菓子に使用するものの、その可処分所得は当然ながら最も低いものです。いささか驚きなのは、<u>ベロが30歳から60歳の間でも非常に人気が高かったということです。実際、収益が一番急速に伸びたのはこの年齢層なのです。</u>
↑ **Q27 ベロ・チョコレートバーの消費が最も速く伸びているところ**

中年層の大人は格別のおいしさだけでなく、<u>すべてが自然の原料</u>であることにも惹かれています。<u>独特の銀紙のラッピング</u>も<u>買い物をする人</u>にアピールし、<u>少なくとも小売店の棚では最初に目に付きます</u>
↑ **Q28 ベロ・チョコレートバーの特徴**

↓ **Q29「調査結果とマーケティングの方向性」の文が入る場所**
これらの結果は我々のマーケティングの方向性を示すものです。我々はベロを親たちに向けて集中的に宣伝すべきだと思います。学校にもって行くカフェテリア用のお弁当のお供としても、家で食べるおやつとしても、子供たちの選択肢の1つとして、当社のチョコレートは多くの親にアピールできるでしょう。

明日の会議で、もっと詳しくお話しできると思います。

よろしくお願いいたします。

ジャック・グエン
マーケティング部長

ボキャブラリー

- □ **state** 他 述べる
- □ **prove** 他 証明する
- □ **understandably** 副 当然のことながら
- □ **somewhat surprisingly** いくらか驚くべきことに
- □ **revenue** 名 収入
- □ **prefer** 他 〜をより好む
- □ **all-natural content** 100％天然の内容物
- □ **distinctive** 形 独特の
- □ **gain** 他 獲得する
- □ **convince** 他 納得させる
- □ **specific** 形 特定の
- □ **economical** 形 経済的な；節約する
- □ **survey** 名 調査
- □ **disposable income** 可処分所得
- □ **middle-aged** 形 中年の
- □ **outstanding** 形 傑出した
- □ **silver foil wrapping** 銀紙の包装
- □ **concentrate on** 〜に集中する
- □ **certain** 形 特定の
- □ **ingredient** 名 内容物
- □ **findings** 名 調査結果

正解・解説

26. 正解：(A) 〔文章の目的〕 ★

検索 **Point!** 「メールの目的」を探す。

解説 冒頭を見ると I am pleased to state the survey results for Bello Chocolate Bars are very positive とあることから、メールの目的はベロ・チョコレートバーの「調査結果」を伝えることである。Research findings と言い換えている (A) が正解。

このメールの主題は何ですか。
(A) 調査結果
(B) 広告費
(C) 製品開発
(D) 顧客の口座

27. 正解：(C) 〔ピンポイント情報〕 ★

検索 **Point!** 「ベロ・チョコレートバーの消費が最も速く伸びているところ」を探す。

解説 In fact, our fastest revenue growth is in that age group. に注目。that age group は前文の people aged 30-60 を指す。「ある成人の年代層の間で」とする (C) が正解。

ベロ・チョコレートバーの消費が最も急速に伸びているのはどこですか。
(A) 30歳より下の世代で
(B) 低収入の買い物客の間で
(C) ある成人の年代層の間で
(D) 特定の地域の子供たちの間で

28. 正解：(C) NOT問題 ★

検索 Point! 「ベロ・チョコレートバーの特徴でないもの」を探す。

解説 (A) の「健康的な原料」は its all-natural content に、(B) の「人目を引くパッケージ」は distinctive silver foil wrapping に、(D) の「魅力的な味」は outstanding taste にそれぞれ対応する。(C) の「お得な値段」が記述がないのでこれが正解となる。

このメールによると、ベロ・チョコレートバーの特徴として述べられていないことは何ですか。
(A) 健康的な原料
(B) 人目を引くパッケージ
(C) お得な値段
(D) 魅力的な味

29. 正解：(C) 文挿入 ★★

検索 Point! 「調査結果とマーケティングの方向性」を指摘する文が入る場所を探す。

解説 これらの調査結果 (findings) は survey results を指していて、第2・第3パラグラフで説明されている。また、マーケティングの方向性は第4パラグラフで述べられている。したがって、挿入文は第4パラグラフの冒頭に入れるのが適切である。(C) [3] が正解。

次の文は [1][2][3][4] と示したどの位置に入れるのが最適でしょうか。
「これらの結果は我々のマーケティングの方向性を示すものです」
(A) [1]
(B) [2]
(C) [3]
(D) [4]

Correct Answers Q30-34

検索ポイント＋日本語訳

設問 30 〜 34 は次の告知とメールに関するものです。

告知

州間鉄道局（IPRA）
すべての利用者へのお知らせ

日付：9月5日
すべての主要な通勤地域および列車に掲示

　　　　　　　　　　　　　　　　　　　　　　　　　　　　　Q30 告知の目的

発券窓口は9月25日*以降、無人となります。代わりに、自動発券機の台数を2倍にします。また他の方法として、利用者は自宅で www.inter-provtravel16.com/tickets/ から乗車券を購入し、プリントアウトすることもできます。

運賃と時刻表の最新情報はまだ、ターミナル駅のスクリーンディスプレーでご覧いただけます。印刷された時刻表は主要コンコースで入手できます。また、リアルタイムのサービス情報はIPRA というテキストを 49800 に送信することで受け取れます。

　　　　　　　　　　　　　Q31 最新情報を入手する方法

顧客サービス窓口は24時間、職員が常駐していますが、職員は乗車券の販売はできませんので、ご注意ください。

*元々は10月25日として告知されていました。

　　　　　Q32 Rolm さんが不便だと感じていること

(メール)

送信者：ネッド・ローム <ned.rohm@com8mpassorgn.org>
宛先：customerservice@inter-provtravel16.com
CC：info@evendailstandonline10.net
日付：9月6日木曜日、午後2時12分
件名：発券窓口

ご担当者様

地区最大の通勤者団体の代表またエンジニアとして、私は効率性向上とコスト削減を図る価値を理解しています。しかし、乗車券サービスについて提案されている変更は悪評を生むと思います。実施日の変更が特に不便なもので、乗客に混乱を招くのは必至です。

Q33 Rolmさんが技術仕様を入手した場所　　　Q32 Rolmさんが不便だと感じていること

私は大半の人が発券窓口を必要としていると確信しています。例えば、時には乗客はぎりぎりの時間に行き先を変更したり、ビジネスクラスに格上げしたり、出発時刻を変えたりすることがあります。公表された新しい自動化システムの技術仕様を検討しましたが、こうしたことはできないようです。また、通勤客の中には単純に自動発券機を使うのに不便を感じる人や、使えない人もいることでしょう。クレジットカードを持っていない人もいるかもしれません。

Q34 メールに書かれている懸念

この計画の再考をお願いします。このメールは上記の通りに、『イブニング・デイリー・スタンダード』紙にもカーボンコピーで送信しました。

敬具

ネッド・ローム
通勤者協会会長

ボキャブラリー

- **commuter** 名 通勤者
- **automated ticket machine** 自動発券機
- **alternatively** 副 代わりに
- **timetable** 名 時刻表
- **personnel** 名 人員
- **be authorized to** 〜することを認められている
- **efficiency** 名 効率性
- **rollout date** 実施日
- **cause** 他 引き起こす
- **destination** 名 行き先；目的地
- **upgrade** 名 格上げ
- **departure** 名 出発
- **technical specifications** 技術仕様
- **outline** 他 〜を説明する
- **potential** 形 潜在的な
- **outdated** 形 時代遅れの
- **instead** 副 そうではなく；その代わりに
- **fare** 名 運賃
- **update** 名 最新情報
- **nevertheless** 副 にもかかわらず
- **certainly** 副 確実に
- **confusion** 名 混乱
- **at the last minute** 最後に
- **alter** 他 変更する
- **publicize** 他 公表する
- **disruption** 名 運行停止；決裂
- **warn of** 〜について警告する
- **launch** 名 開始；実施
- **ownership** 名 所有（権）

正解・解説

30. 正解：(B) 　文章の目的 ★

検索 **Point!** 「この告知の目的」を探る。

解説　第1パラグラフで、Ticket sales desks will no longer be staffed after September 25.（乗車券の販売窓口が9月25日から無人になる）としたうえで、「自動券売機の数を2倍にする」「ネットで切符を買える」という代替策が紹介されている。「運営上の変更を説明すること」とする (B) が最適。

この告知の主な目的は何ですか。
(A) 運行停止について詫びること
(B) 運営上の変更を説明すること
(C) 運行の遅れの可能性を警告すること
(D) 施設の導入を告知すること

31. 正解：(A) 　ピンポイント情報 ★

検索 **Point!** 「利用者が最新情報を入手する方法」を探す。

解説　real-time updates という表現は「告知」の第2パラグラフに In addition, real time service updates can be received by texting IPRA to 49800. と出てくる。「テキストメッセージを送る」ことによって最新情報が入手できるので、(A) が正解である。

この告知によると、利用者はどのようにしてリアルタイムの最新情報を入手できますか。
(A) デジタルメッセージを送ることによって
(B) 時刻表をダウンロードすることによって
(C) 自動化された機械を使うことによって
(D) 顧客サービスにメールをすることによって

32. 正解：(B) 相互参照 ★★★

検索 Point! 「Rohm（ローム）さんが特に不便だと感じていること」を探す。

解説 「メール」の第2パラグラフに The change you made to the rollout date is especially unhelpful and will certainly cause confusion among riders. とある。rollout date は「実施日」の意味で、「実施日の変更が特に不便だ」としている。「告知」の冒頭を見ると、発券窓口がなくなるのは「9月25日」。一方、欄外のアスタリスクの注記には *Originally advertised as October 25 とあり、もともとこの実施日は「10月25日」だった。実施日が繰り上げられたので、「サービスの導入を早めること」とする (B) が正解となる。

ロームさんは特に何が不便だと述べていますか。
(A) 高価なビジネスクラスの座席を導入すること
(B) サービスの導入を早めること
(C) 重要な効率性の観点を無視していること
(D) 時代遅れの運行技術を使っていること

33. 正解：(C) ピンポイント情報 ★★

検索 Point! 「Rohm さんが技術仕様を入手した場所」を探す。

解説 technical specifications は「メール」の第2パラグラフで Having reviewed the publicized technical specifications of your new automated system と出てくる。publicized（公表された）に着目して、「公表されたソースから」とする (C) を選ぶ。

ロームさんはどこで自動化システムの技術仕様を入手しましたか。
(A) エンジニアの同僚から
(B) 通勤者団体から
(C) 公表されたソースから
(D) 主要紙から

34. 正解：(D) NOT問題 ★★

検索 Point! 「メールに書かれていない懸念」を探す。

解説 (A) の「座席の格上げ」は upgrade to business class に、(B) の「発券スタッフ」は I firmly believe most citizens need ticket desks. に、(C) の「カードの保有」は Some may not even have credit cards. にそれぞれ対応する。(D) の「高い料金」だけが記述がないのでこれを選ぶ。

このメールに書かれていない懸念は何ですか。
(A) 乗車座席の格上げ
(B) 発券スタッフ
(C) カードの保有
(D) 高い料金

Correct Answers Q35-39

検索ポイント＋日本語訳

設問 35 〜 39 は次の２通のレターに関するものです。

レター１

ハーパーアベニュー16番地
ワートン・タウンシップ

4月20日

エンマ・ギッシング
店長
エンマズ・ジュエリーボックス
ロックヴィルプラザ
イントン市

ギッシング様

Q35 ネックレスが購入された理由

2週間前に貴店で購入したネックレスを同封してありますので、ご確認ください。私はその特徴的な外観が気に入りました。特に私のお気に入りの洋服に合う青とゴールドのビーズです。少し値が張ると思いましたが、こうした理由で購入したのです。しかし、今回は購入品の代金を返金していただきたいと思います。

Q36 クレームとして述べられているもの

残念なことに、ご確認いただければわかりますが、その色は今ではくすんで、使い古されたように見えるのです。また、留め金の締まりが悪く、どうやっても留められません。さらに、宝石がしっかりつながっていないので、すでにいくつかを失ってしまいました。

このネックレスはリーニー・リン社が販売しているハンドメイド製品の1つだとわかりました。他の製品もこのような低品質のものでないかどうかしっかり検品されることをお勧めします。

ネックレス代金の499ドルを貴店のファイルにある私のクレジットカード番号に返金してください。

ありがとうございます。

アンドレア・ソルヴィーノ

202

(レター2)
エンマズ・ジュエリーボックス
ロックヴィルプラザ
イントン市

4月23日

アンドレア・ソルヴィーノ
ハーパーアベニュー16番地
ワートン・タウンシップ

ソルヴィーノ様　　　　　　　　　　　　　　Q37 「vast」の文脈での意味

4月20日付のお客様の手紙を読みました。今回の件は稀なことで、大多数のお客様は当店での買い物に満足されていると思います。リーニー・リン社は当店の最も評判のいいサプライヤーの1つで、その製品は通常、高品質です。

　　　　　　　　　　　　　　　Q38 Gissing さんが詫びる理由

しかしながら、お客様の件につきましては当方も了解します。またお客様の要望にお応えできないことを誠に申し訳なく思います。こうした事情における、当店の方針はストアクレジットのご提供です。このため、お客様の名前で開設したアカウントにご購入代金分を積み立てました。またお詫びのしるしとして、50ドルを加えさせていただきます。次回にご来店されました際に、ご利用いただければと思います。　　　　　　Q39 Sorvino さんが勧められていること

もしご用命いただけるようでしたら、当店の最新のコレクションを紹介させていただきます。

敬具

エンマ・ギッシング
店長

ボキャブラリー

- **appearance** 図 外観
- **quite a bit** かなりたくさん；相当に
- **extremely** 副 非常に
- **clasp** 図 留め金
- **securely** 副 しっかりと
- **refund** 動 返金する
- **assure** 動 確信する
- **reputable** 形 評判の良い
- **fulfil** 動 実行する
- **store credit** ストアクレジット ＊その店でのみ使えるポイント・金券。
- **credit ~ to ...** ～を…に積み立てる
- **by way of compensation** お詫びのしるしに
- **take advantage of** ～を利用する
- **fade away** 薄れる
- **break down** 壊れる
- **lucrative** 形 儲かる
- **file for** ～を申請する
- **outfit** 図 服装
- **dull** 形 ぼんやりした；さえない
- **worn** 形 使い古した；すり切れた
- **fix ~ in place** ～を固定する
- **inspect** 動 点検する；調べる
- **have ~ on file** ～を保管する
- **vast** 形 膨大な
- **regardless** 副 にもかかわらず
- **circumstance** 図 状況
- **suit** 動 似合う；合う
- **fastening** 図 留め具
- **come loose** 緩くなる
- **substantial** 形 かなりの量の

正解・解説

35. 正解：(D) 　ピンポイント情報　★

検索Point! 「ネックレスが購入された理由」を探す。

解説 「レター1」を見る。reason が第1パラグラフで I bought it for that reason と出てくる。that があるので、直前を見ると especially the blue and gold beads that match a favorite outfit of mine と書かれている。「ブルーと金のビーズが自分の服に合った」のが理由であり、「ある衣料品と合った」とする (D) が正解。

　最初の手紙によれば、なぜネックレスは購入されたのですか。
　(A) 品質保証が付いていた。
　(B) 他の製品よりも安かった。
　(C) 他の宝石製品と合った。
　(D) ある衣料品と合った。

36. 正解：(A) 　NOT問題　★★

検索Point! 「クレームとして述べられていないもの」を探す。

解説 (B) の「その色合いがくすんでいる」は its color is now much duller に、(C) の「留め金が壊れている」は the clasp has come undone, and will not close all the way に、(D) の「構成品がしっかりつながっていない」は I have already lost several of the stones because they had not been fixed in place securely にそれぞれ対応する。(A) の「そのデザインが人気がなくなっている」だけが記述がないのでこれを選ぶ。

　最初の手紙で、クレームとして述べられていないものは何ですか。
　(A) そのデザインが人気がなくなっている。
　(B) その色合いがくすんでいる。
　(C) 留め金が壊れている。
　(D) 構成品がしっかりつながっていない。

37. 正解：(C) 単語問題 ★

検索 Point! 「vast」の文脈での意味を探る。

解説 the vast majority of our customers are satisfied with their shopping experiences とある。majority（多数）を修飾することから数量・規模を意味すると類推できるだろう。(C)「かなり多い」が正解となる。

2番目の手紙の第1パラグラフ2行目の「vast」に意味が最も近いものはどれですか。
(A) 印象的な
(B) 儲かる
(C) かなり多い
(D) 終わらない

38. 正解：(C) 相互参照 ★★★

検索 Point! 「Gissing（ギッシング）さんが詫びる理由」を探す。

解説 「レター2」を見ると、very sorry という表現が第2パラグラフで使われている。Regardless, I understand your situation and am very sorry that we cannot fulfill your request. から「顧客の要望に応えられないので詫びている」のである。この顧客の要望を「レター1」に探すと、I would now like my money returned for that purchase. とあり、「返金を求める」という要望である。したがって、「返金ができない」とする (C) が正解となる。

なぜギッシングさんはお詫びをしているのですか。
(A) 経験が普通のことではない。
(B) 方針が変わっている。
(C) 返金ができない。
(D) サプライヤーの評判がよくない。

39. 正解：(D) ピンポイント情報 ★★

検索 Point! 「Sorvino（ソルヴィーノ）さんが勧められていること」を探す。

解説 「レター2」の第2パラグラフに Please take advantage of this the next time you visit our store.（次回に店でこれを利用してください）と勧誘の表現がある。this が何かは直前を見る。To that end, I have credited the original purchase price to an account opened in your name. I have also credited an extra $50.00 to that account by way of compensation. から、「顧客のアカウントに購入金額分＋お詫びの気持ちの50ドル分をプールするので利用してほしい」という申し出である。したがって、「提供された特典を使用する」としている (D) が正解となる。

ソルヴィーノさんは何をするように勧められていますか。
(A) 補償を求める
(B) リーニー・リン社に連絡する
(C) クレジットカード口座を開設する
(D) 提供された特典を使用する

Correct Answers　Q40-44

検索ポイント＋日本語訳

設問40～44は次のメール2通とスケジュールに関するものです。

メール1

受信者：ヴィジャイ・バスカラン、販売部長、コアヴェルド・パイプス
　　　　<vbhaskaran@coreveldpipes.za>

発信者：メロディ・ショウ、購買部、リバープラス・インダストリーズ
　　　　<melody.shaw@riverplusindustries.net>

Q40 3月7日に起こったこと

件名：御社のサービス
日付：3月3日

バスカラン様

Q41 Richard Foster について正しいこと　　**Q44 訪問客のために Richard Foster がすること**

あなたがよくご存じと思われるリチャード・フォスターが、あなたに連絡をするよう勧めてくれました。彼は、御社の製品の高い品質と手頃な価格を挙げていました。私どもは現在、別のパイプ業者を使っていますが、もし御社が安い価格を提案してくれるのなら、変更を検討します。私はすでに御社のウェブサイトを訪問していて、あなたと電話でお話しする機会をもちたいと思っております。来週月曜3月7日の西太平洋時間午前9時（標準時午後5時）ころが私には理想的です。

Q42 River Plus Industries について示されていること

敬具
メロディ・ショウ

> メール２

受信者：melody.shaw@riverplusindustries.net
発信者：vbhaskaran@coreveldpipes.za
件名：今度の会議
日付：３月21日

ショウ様

私どもにご連絡をいただきましてありがとうございます。3月7日の会話は上々で、それに続く電話での話し合いもうまくいっていると考えています。来月、あなたが別の商用で南アフリカにいらっしゃるときに、当社に立ち寄られることを知って嬉しく思います。

　Q40 3月7日に起こったこと

4月13日のご訪問の暫定スケジュールを添付します。これは、当社のエンジニアやマネジャーの何人かとお会いいただくだけでなく、当社の主力工場を見学していただくチャンスとなるでしょう。ところで、私たちの共通の知人が午後２時のアクティビティを主催します。私どもは初めての直接の会談が有益なものになると思っております。これまでのあなたの信頼に感謝いたします。

　Q44 訪問客のために Richard Foster がすること　　Q43「confidence」の文脈での意味

直接にお会いできることを心より楽しみにしております。

ヴィジャイ・バスカラン、販売部長、コアヴェルド・パイプス

> スケジュール

コアヴェルド・パイプス

リバープラス・インダストリーズのためのスケジュール
4月13日

グループ：
メロディ・ショウ
リカルド・モラレス
チャールズ・ポーター
アン・コレッリ

9:00 A.M.	業務担当役員、販売担当役員、上級マネジャーとの会合
10:00 A.M.	生産施設の見学
12:00 PM	社員食堂でのランチ
2:00 PM	製品デモ

　Q44 訪問客のために Richard Foster がすること

ボキャブラリー

- **suggest** 動 勧める
- **supplier** 名 納入業者；サプライヤー
- **GMT** 標準時
- **upcoming** 形 近く予定されている
- **itinerary** 名 スケジュール
- **acquaintance** 名 知り合い；知人
- **appreciate** 動 評価する；感謝する
- **in person** 直接に
- **product demonstration** 製品の紹介・実演
- **office equipment** 事務機器
- **seek** 動 探す；求める
- **cite** 動 挙げる；引き合いに出す
- **competitive** 形 競争力のある；より安い
- **ideal** 形 理想的な
- **tentative** 形 暫定の
- **mutual** 形 互いの
- **beneficial** 形 有益な
- **so far** これまでの
- **depart from** ～から離れる
- **escort** 動 案内する；付き添う

正解・解説

40. 正解：(A)　相互参照　★★

検索 Point!「3月7日に起こったこと」を探す。

解説「メール1」には、would like a chance to talk with you on the phone. Next Monday, March 7, around 9:00 AM Western Pacific Time と、「メール2」には I think our March 7 conversation went very well とあり、「話し合い」がもたれた。その内容は、「メール1」の発信者の欄の Purchasing（購買部）、メール本文の the high quality of your products and reasonable prices などより、(A)「業者の取引についての話し合い」が最適。

　3月7日に何が起こりましたか。
(A) 業者の取引についての話し合い
(B) 会社の合併についての話し合い
(C) ウェブサイトの刷新についての交渉
(D) 事務機器設置の提案

41. 正解：(A)　関連情報　★★

検索 Point!「Richard Foster（リチャード・フォスター）について正しいこと」を探す。

解説 Richard Foster は「メール1」に Richard Foster, whom I believe you know quite well, suggested I contact you. と書かれている。「連絡をするように勧めた」わけなので、「彼はビジネスの推奨をした」とする (A) が正解。

　リチャード・フォスターについてどれが正しいですか。
(A) 彼はビジネスの推奨をした。
(B) 彼は南アフリカからちょうど出発した。
(C) 彼は訪問客のためにスケジュールを書いた。
(D) 彼は顧客の主力工場を訪問した。

42. 正解：(D)　関連情報　★★

検索 Point! 「River Plus Industries について示されていること」を探す。

解説 River Plus Industries の Shaw さんは「メール1」で、We are currently using a different pipe supplier, but could consider changing if your firm could make a competitive offer. と書いている。competitive offer とは「より安い価格」を指す。したがって、(D)「それは購入品のよりよい価格を求めている」が正解となる。

リバープラス・インダストリーズについて何が示されていますか。
(A) それは研究の中で新しい市場調査を挙げている。
(B) それはマネジャーとエンジニアを追加で募集している。
(C) それは異なった種類の事業への転換を図っている。
(D) それは購入品のよりよい価格を求めている。

43. 正解：(C)　単語問題　★★

検索 Point! 「confidence」の文脈での意味を探る。

解説 「メール2」に We appreciate your confidence so far. とある。文の意味は「これまでのあなたの~を評価します」。(C) trust (信頼) が最適。confidence を知らない人は、メールの前半で I think our March 7 conversation went very well, as did the follow-up phone discussions. という「仕事がうまく進んでいる」という内容から類推することも可能。

2つ目のメールの第2パラグラフ第6行目の「confidence」に最も意味が近い単語はどれですか。
(A) 管理
(B) 反応
(C) 信用
(D) 保護

44. 正解：(D)　相互参照　★★★

検索 Point! 「River Plus Industriesからの訪問客のためにRichard Fosterがすること」を探す。

解説 「メール1」の Richard Foster, whom I believe you know quite well, より、Richard は「共通の知り合い」であることがわかる。「メール2」には Our mutual acquaintance, by the way, will lead the 2:00 P.M. activities. とあり、mutual acquaintance (共通の知り合い) である Richard が「午後2時のアクティビティ」を主宰する。「スケジュール」を見ると、「午後2時のアクティビティ」は Product demonstration である。(D) が正解。

リチャード・フォスターはリバープラス・インダストリーズからの訪問客に何をするでしょうか。
(A) 営業担当役員を紹介する
(B) 工場見学を導く
(C) 訪問客のランチに付き添う
(D) 製品のデモをする

Correct Answers　Q45-49

検索ポイント＋日本語訳

設問 45 〜 49 は次のウェブページ、レター、メールに関するものです。

(ウェブページ)

www.falcotheater.com/schedule/
ファルコ劇場
7月13日初演
　　　↑ Q46 Garcia さんが最初にミュージカルを見た月
『Sing with Me』
州ベストミュージカルのアプレトン賞を受賞！
　　　　　Q45 Sing with Me について正しいこと
批評家の評価も高いダンスと音楽のショーが当市にやってきました！
　　　　　　Q48 Kapley 子供美術館のワークショップを率いる人
主演に起用：キャサリン・ウッズ
助演：ハンク・グリーン、スージン・キャンベル、ジェニファー・アブドル

すばらしい才能に恵まれたダンサーとシンガーが助演キャストを務めます！

市と州のいたるところで続演されるほど人気の出ているこのミュージカルをぜひご覧ください。
これは、見逃すことのできない家族全員のイベントです！
　　　　　　　　　　　　　　　　　　　　Q47 Tabitha Garcia
　　　　　　　　　　　　　　　　　　　　　　の家族の情報
すばらしい席がチケットオフィスとネットで手に入ります。プライベート席をお持ちの方は、キャストやクルーに会える公演後の参加者限定のレセプションに出席できます。

(レター)

ロドリゴ・ガルシア
11月26日

事務局
ファルコ劇場

ご担当者様

私と家族は、そちらの劇場で最近の公演を見ましたが、それはすばらしいものでした。衣装や照明、歌は言うまでもありません！　その公演を見るのは2回目でした。1回目は街で公演が行われた週でした。公演後のレセプションも印象深いもので、すてきなスナックや飲み物、コーヒーや紅茶のサービスが揃ったものでした。娘のタビサは主演俳優と話して、サインをもらう機会がありました。彼女はまだ9歳ですが、大ファンで、あの経験を決して忘れないでしょう。

Q48 Kapley 子供美術館のワークショップを率いる人

すばらしい夜に改めて感謝いたします。

敬具
ロドリゴ・ガルシア
rodrigo196@zoopermail.com

> **メール**

受信者：ロドリゴ・ガルシア <rodrigo196@zoopermail.com>
発信者：エレン・シャンクス <e.shanks@falcotheater.com>
日付：11月29日

件名：あなたのお手紙

ガルシア様

11月26日付のお手紙を本当にありがとうございます。あなたとご家族が公演を楽しまれたことをとても嬉しく思います。私どもはさらにお客様に楽しんでいただけるように２月にインテリアを改装しますので、これからの当劇場のイベントにまたぜひご来場ください。

> Q48 Kapley 子供美術館のワークショップを率いる人

お知らせしたいのは、カプリー子供美術館が12月3日に子供のための特別な音楽ワークショップを開催することです。これは娘さんがファンである私どもの俳優が主宰します。あなたと彼女もぜひご来場ください。お二人にとってきっと価値あるものになると思います。

> Q49 「valuable」の文脈での意味

引き続きのご愛顧をよろしくお願いいたします。

敬具
エレン・シャンクス
広報担当
ファルコ劇場

> **ボキャブラリー**

- **province** 名 州
- **critical** 形 批評(家)の
- **feature** 他 起用する
- **amazingly** 副 すばらしく
- **reception** 名 レセプション；晩餐会
- **impressive** 形 印象的な
- **autograph** 名 サイン
- **stop by** 〜に立ち寄る
- **multiple** 形 多数の
- **extravaganza** 名 豪華なショー
- **praise** 名 賞賛
- **supporting cast** 助演
- **exclusive** 形 参加者限定の
- **To whom it may concern** ご担当者様
- **beverage** 名 飲み物
- **renovate** 他 改修する
- **patronage** 名 愛顧

正解・解説

45. 正解：(B) 関連情報 ★★

検索 Point!　「Sing with Me について正しいこと」を探す。

解説　「ウェブページ」に earned critical praise と書かれていて、「批評家から好意的な評価を得ている」ことがわかる。critical praise を positive reviews に言い換えた (B) が正解。Come see the musical that has gained such as following across the city and province. から1州のみの公演なので (A) は誤り。賞については、Winner of the Appleton Prize for Best Musical in the Province! という1つの賞しか記述がないので (D) も不正解。(C) の「来場客の新記録」は記述がない。

　このウェブページによると、『Sing with Me』についてどれが正しいですか。
　(A) それはいくつかの州で開演した。
　(B) それは好意的な評価を得ている。
　(C) それは来場客の新記録を達成した。
　(D) それは複数の賞を受賞した。

46. 正解：(B) 相互参照 ★★

検索 Point!　「Rodrigo Garcia（ロドリゴ・ガルシア）が最初にミュージカルを見た月」を探す。

解説　Garcia さんは「レター」の中で the first was the week that the performance opened in town. と書いている。「町で初演された週」なので、これを「ウェブページ」に探すと、冒頭に Opening on July 13 と記載されている。「7月13日の週」とわかるので、(B) が正解となる。

　ロドリゴ・ガルシアがこのミュージカルを初めて見たのはいつですか。
　(A) 2月
　(B) 7月
　(C) 9月
　(D) 11月

47. 正解：(C) 相互参照 ★★

検索 Point!　「Tabitha Garcia（タビサ・ガルシア）の家族についてわかること」を探す。

解説　Garcia さんは「レター」で、The after-performance reception was also impressive, complete with nice snacks, beverages, and coffee and tea service. と書いている。「公演後のレセプション」にも出席しているところに注目。また、「ウェブページ」には Holders of private viewing boxes are invited to attend an exclusive after-performance reception to meet the cast and crew. とあり、private viewing boxes（プライベート席）を持っていると公演後のレセプションに参加できる。Garcia さんの家族は「プライベート席」を購入しているので (C) が正解。

　タビサ・ガルシアの家族について何が示されていますか。
　(A) 彼らはチケットをネットで購入した。
　(B) 彼らは割引を受けた。
　(C) 彼らはプライベート席を購入した。
　(D) 彼らはレセプションに行くのをあやうく忘れるところだった。

48. 正解：(A) 相互参照 ★★★

検索 Point! 「Kapley 子供美術館のワークショップを率いる人」を探す。

解説 「メール」には、You should also know that Kapley Children's Museum is holding a special children's music workshop on December 3, led by our performer whom your daughter is such a fan of. とあり、子供美術館のワークショップは「Garcia さんの娘がファンの俳優が主宰する」ことがわかる。「レター」から娘の Tabitha ちゃんがファンなのは「主演俳優」であり、「ウェブページ」から主演俳優は Katherine Woods である。(A) が正解。

カプリー子供美術館のワークショップを主宰するのはだれですか。
(A) キャサリン・ウッズ
(B) ハンク・グリーン
(C) スークジン・キャンベル
(D) ジェニファー・アブドル

49. 正解：(C) 単語問題 ★★

検索 Point! 「valuable」の文脈での意味を探る。

解説 It would certainly be valuable for the both of you. で使われている。It は2つ前の文から a special children's music workshop を指す。「このワークショップが2人にとってどうなのか」を考えると、(C) beneficial（有益だ）がぴったりである。(A) lucrative は「利益が出る；儲かる」で、この文脈には合わない。

メールの第2パラグラフ第4行目の「valuable」に最も意味が近いものはどれですか。
(A) 儲かる
(B) 高価な
(C) 有益な
(D) 力強い

Correct Answers　Q50-54

検索ポイント＋日本語訳

設問 50 〜 54 は次の記事、告知、メールに関するものです。

（記事）

Q51 「treasure」の文脈での意味

（2月9日）バークテル・マウンテンパークは、私たちの州で最も美しい場所の1つだ。毎年、何十万人という観光客が全国、全世界から訪れる。我々は将来の世代がこの宝物を楽しめるようにしたいと考える。こうした理由から、州当局は訪問者がこの場所をいかなる形でも損なわないようにするための努力を強化している。さらに多くの掲示が設置され、公園の規則を運用するスタッフがさらに採用された。グリーンマウンテン・センターという公園を日常的に管理する民間会社が採用されたことも好ましい前進だ。この会社は、政府機関を支援する豊富な経験を有しており、運営コストを下げられるだろう。こうした追加経費が生じることによって、公園管理当局が3月1日よりボート遊びの許可料金を2倍にすると決断したことも理解できるものである。

Q52 告知を掲示した団体

Q50 Barketell Mountain Park について正しいこと

Q54 ボート遊びの許可証に支払うべき金額

> 告知

バークテル・マウンテンパーク
2月26日に掲載された告知
グリーンマウンテン・センターによる
↑ Q52 告知を掲示した団体

訪問客の皆様！

ご訪問いただきありがとうございます。この地域が提供する風景とすばらしい眺めをゆっくりお楽しみください。

ここにいる間は、次のガイドラインにご留意ください。
・ゴミ捨て禁止
・キャンプ禁止
・野生生物の狩猟または虐待禁止 ← Q53 告知に示されている規制
・自動車両の運転禁止

↓ Q54 ボート遊びの許可証に支払うべき金額
この地域ではボート遊びが認められています。許可証は1件50ドルで、www.barketellmountainpark.gov/permits/ からオンラインで購入できます。
求められたときに、公園管理スタッフに許可証を提示しなければなりません。許可証の携帯を怠った場合には、400ドルの罰金を科されます。

555-9028 にテキストメッセージを送ることで、公園の規則、地元の天候、その他の情報の最新のものを受け取ることができます。
他の情報については、info@barketellmountainpark.gov の訪問者サービスにメールしてください。

(メール)

受信者：バークテル・マウンテン訪問者サービス <info@barketellmountainpark.gov>
発信者：オマール・バルザニ <omar301@wirezipmail.com>
日付：3月17日
件名：ボート遊びの許可証

ご担当者様

Q54 ボート遊びの許可証に支払うべき金額

今年のボート遊びの許可証を取得するために書いています。ウェブサイトに行ってみましたが、それは「メンテナンス中」で、私は購入の機能を使うことができませんでした。すでに18時間になりますが、ウェブサイトはいつ復活して使えるようになるのでしょうか。

もしそれが可能かまたは必要なら、電話で許可証を購入したいとも思っています。できる限り早く許可証を入手したいので、早急にご連絡をいただき、私がどうすべきか教えてください。

ありがとう
オマール・バルザニ

ボキャブラリー

- **generation** 名 世代
- **state authorities** 州当局
- **harm** 他 損なう
- **enforce** 他 施行する；実行する
- **operational costs** 運営コスト
- **afford** 他 提供する
- **wildlife** 名 野生動物
- **fine** 名 罰金
- **maintenance** 名 整備
- **environment** 名 環境
- **trash** 名 ゴミ
- **treasure** 名 宝
- **intensify** 他 強化する
- **locale** 名 場所
- **administer** 他 管理する
- **understandable** 形 理解できる
- **littering** 名 ゴミの投げ捨て
- **motorized vehicles** 自動車両
- **update** 名 最新情報
- **personnel** 名 人員
- **restriction** 名 制約；規制
- **protection** 名 保護

正解・解説

50. 正解：(B) 関連情報 ★★

検索 Point! 「Barketell Mountain Park について正しいこと」を探す。

解説 「記事」に More signs have been posted and staff hired to enforce park rules. と書かれている。冒頭の More は staff にもかかっているので、「公園の規則を施行するためにスタッフをさらに採用した」ことがわかる。よって、(B) が正しい。他の選択肢については、記述がない。

この記事によれば、バーケテル・マウンテンパークについてどれが正しいですか。
(A) さらに多くの清掃作業が始まっている。
(B) さらに多くの人員が採用された。
(C) 環境は悪化している。
(D) 訪問客数は減少している。

51. 正解：(C) 単語問題 ★

検索 Point! 「treasure」の文脈での意味を探る。

解説 We want to make sure that future generations can enjoy this treasure. とある。this treasure は2つ前の文の one of the most beautiful parts of our state を指す。「州の一番美しい場所の1つ」なので、「貴重なもの」であるはず。(C) attraction（魅力）が一番近い。

記事の第1パラグラフ4行目の「treasure」に最も意味の近いものはどれですか。
(A) 資金
(B) 価格
(C) 魅力
(D) 投資

52. 正解：(D) 相互参照 ★★

検索 Point! 「だれが告知を掲示したか」を探る。

解説 「告知」の冒頭に By Green Mountain Center とあり、この団体が告知の発行者である。「記事」には、この団体について The launch of the Green Mountain Center, a private firm which will administer the park on a day-to-day basis, is also a very positive step. と書かれている。a private-owned firm（民間企業）なので、(D)「民間所有の会社」が正解。

だれが告知を掲示しましたか。
(A) 政府機関
(B) 旅行会社
(C) 環境調査グループ
(D) 民間所有の会社

53. 正解：(A) NOT 問題 ★★
検索 Point! 「告知に示されていない規制」を探す。

解説 (B)「車両の使用」は No operation of any motorized vehicles に、(C)「ゴミの規則」は No littering（ゴミの投げ捨て禁止）に、(D)「動物の保護」は No hunting or harming of wildlife にそれぞれ対応する。(A)「安全規則」だけが記述がないので、これが正解。

この告知ではどの規制が述べられていませんか。
(A) 安全規則
(B) 車両の使用
(C) ゴミの規則
(D) 動物の保護

54. 正解：(B) 相互参照 ★★★
検索 Point! 「ボート遊びの許可証に支払うべき金額」を探す。

解説 Barzani さんは 3 月 17 日の「レター」で、I am writing about getting a boat permit for this year. と「今年の許可証」を求めている。2月26日付の「告知」では、Boating is permitted in the area. Permits are $50 each, とあり、許可証の料金は「50ドル」。ところが、「記事」を見ると、the park administrators have decided to double the price of boating permits from March 1. と書かれていて、「許可書の料金は3月1日より2倍になる」。Barzani さんは3月17日以降の購入になるので、50ドルの2倍の「100ドル」を支払う必要がある。(B) が正解。

バルザニさんはボート遊びのライセンスにいくら支払わなければなりませんか。
(A) 50ドル
(B) 100ドル
(C) 200ドル
(D) 400ドル

● 著者紹介

成重　寿　Hisashi Narishige

三重県出身。一橋大学社会学部卒。英語教育出版社、海外勤務の経験を生かして、TOEICを中心に幅広く執筆・編集活動を行っている。主要著書：『TOEIC® TEST英単語スピードマスター NEW EDITION』、『TOEIC® TEST必ず☆でる単 スピードマスター』、『TOEIC® TEST英文法スピードマスター NEW EDITION』、『TOEIC® TEST英文法問題集 NEW EDITION』、『ビジネスで1番よく使う英単語』（以上、Jリサーチ出版）など。TOEIC TEST 990点満点。

英文作成協力	Craig Brantley (CPI)
カバーデザイン	滝デザイン事務所
本文デザイン／DTP	江口うり子（アレピエ）

本書へのご意見・ご感想は下記URLまでお寄せください。
http://www.jresearch.co.jp/kansou/

TOEIC® TEST リーディングスピードマスター
NEW EDITION

平成28年（2016年）10月10日　初版第1刷発行
平成29年（2017年）4月10日　　第2刷発行

著　者	成重　寿
発行人	福田富与
発行所	有限会社　Jリサーチ出版
	〒166-0002 東京都杉並区高円寺北2-29-14-705
	電話 03(6808)8801（代） FAX 03(5364)5310
	編集部 03(6808)8806
	http://www.jresearch.co.jp
印刷所	㈱シナノ パブリッシング プレス

ISBN978-4-86392-310-2　　禁無断転載。なお、乱丁・落丁はお取り替えいたします。
©2016 Hisashi Narishige, All rights reserved.

DAY 9
模擬テスト
マークシート
PART 7

REGISTRATION NO. 受 験 番 号							

フ リ ガ ナ	
N A M E 氏　　　名	

Part 7

No.	ANSWER A B C D	No.	ANSWER A B C D	No.	ANSWER A B C D
1	Ⓐ Ⓑ Ⓒ Ⓓ	11	Ⓐ Ⓑ Ⓒ Ⓓ	21	Ⓐ Ⓑ Ⓒ Ⓓ
2	Ⓐ Ⓑ Ⓒ Ⓓ	12	Ⓐ Ⓑ Ⓒ Ⓓ	22	Ⓐ Ⓑ Ⓒ Ⓓ
3	Ⓐ Ⓑ Ⓒ Ⓓ	13	Ⓐ Ⓑ Ⓒ Ⓓ	23	Ⓐ Ⓑ Ⓒ Ⓓ
4	Ⓐ Ⓑ Ⓒ Ⓓ	14	Ⓐ Ⓑ Ⓒ Ⓓ	24	Ⓐ Ⓑ Ⓒ Ⓓ
5	Ⓐ Ⓑ Ⓒ Ⓓ	15	Ⓐ Ⓑ Ⓒ Ⓓ	25	Ⓐ Ⓑ Ⓒ Ⓓ
6	Ⓐ Ⓑ Ⓒ Ⓓ	16	Ⓐ Ⓑ Ⓒ Ⓓ	26	Ⓐ Ⓑ Ⓒ Ⓓ
7	Ⓐ Ⓑ Ⓒ Ⓓ	17	Ⓐ Ⓑ Ⓒ Ⓓ	27	Ⓐ Ⓑ Ⓒ Ⓓ
8	Ⓐ Ⓑ Ⓒ Ⓓ	18	Ⓐ Ⓑ Ⓒ Ⓓ	28	Ⓐ Ⓑ Ⓒ Ⓓ
9	Ⓐ Ⓑ Ⓒ Ⓓ	19	Ⓐ Ⓑ Ⓒ Ⓓ	29	Ⓐ Ⓑ Ⓒ Ⓓ
10	Ⓐ Ⓑ Ⓒ Ⓓ	20	Ⓐ Ⓑ Ⓒ Ⓓ	30	Ⓐ Ⓑ Ⓒ Ⓓ

No.	ANSWER A B C D	No.	ANSWER A B C D	No.	ANSWER A B C D
31	Ⓐ Ⓑ Ⓒ Ⓓ	41	Ⓐ Ⓑ Ⓒ Ⓓ	51	Ⓐ Ⓑ Ⓒ Ⓓ
32	Ⓐ Ⓑ Ⓒ Ⓓ	42	Ⓐ Ⓑ Ⓒ Ⓓ	52	Ⓐ Ⓑ Ⓒ Ⓓ
33	Ⓐ Ⓑ Ⓒ Ⓓ	43	Ⓐ Ⓑ Ⓒ Ⓓ	53	Ⓐ Ⓑ Ⓒ Ⓓ
34	Ⓐ Ⓑ Ⓒ Ⓓ	44	Ⓐ Ⓑ Ⓒ Ⓓ	54	Ⓐ Ⓑ Ⓒ Ⓓ
35	Ⓐ Ⓑ Ⓒ Ⓓ	45	Ⓐ Ⓑ Ⓒ Ⓓ		
36	Ⓐ Ⓑ Ⓒ Ⓓ	46	Ⓐ Ⓑ Ⓒ Ⓓ		
37	Ⓐ Ⓑ Ⓒ Ⓓ	47	Ⓐ Ⓑ Ⓒ Ⓓ		
38	Ⓐ Ⓑ Ⓒ Ⓓ	48	Ⓐ Ⓑ Ⓒ Ⓓ		
39	Ⓐ Ⓑ Ⓒ Ⓓ	49	Ⓐ Ⓑ Ⓒ Ⓓ		
40	Ⓐ Ⓑ Ⓒ Ⓓ	50	Ⓐ Ⓑ Ⓒ Ⓓ		

模擬テスト　スコアレンジ簡易換算表

素点レンジ	換算レンジ
50 － 54	460 － 495
46 － 49	410 － 485
42 － 45	380 － 430
40 － 41	355 － 400
36 － 39	325 － 375
34 － 35	295 － 345
32 － 33	265 － 315
27 － 31	205 － 285
24 － 26	170 － 225
20 － 23	120 － 190
15 － 19	75 － 140
10 － 14	40 － 95
5 － 9	20 － 60
1 － 4	15 － 30

●ご自分の「素点」のレンジから、TOEICリーディング・セクションのスコアのレンジが予測できます。Part 7 のみの成績からの換算なので、おおまかな目安とお考えください。

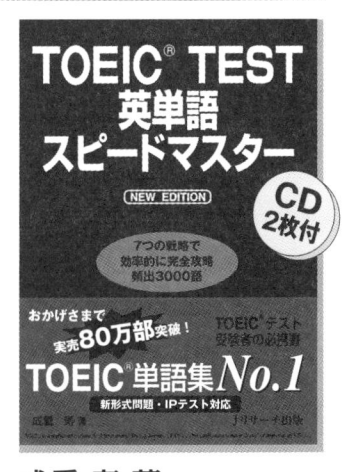

電車の中やスキマ時間を有効に使う！

全国書店にて好評発売中!!

TOEIC® TEST TARGET シリーズ

＜見開き完結みやすいレイアウト＞＜持ち運びしやすいサイズ＞＜充実の問題数＞
目標スコア＆攻略分野で選ぶ！コンパクトサイズの問題集

⊕ TARGET600 ＜目標スコア 400～600点レベル＞　⊕ TARGET900 ＜目標スコア 700点～900点レベル＞

解けば絶対にスコアが上がる
厳選問題

TOEIC® TEST 英単語・熟語 TARGET

成重 寿
Narishige Hisashi

定価1000円(本体) 
TOEIC TEST 英単語・熟語 TARGET 600
解いて覚える
成重 寿／Vicki Glass 共著

定価1200円(本体) 
TOEIC TEST 英単語・熟語 TARGET 900
解いて覚える
成重 寿 著

本当にスコアが上がる
厳選問題

TOEIC® TEST 英文法 TARGET

森田 鉄也
Morita Tetsuya

定価1000円(本体)
TOEIC TEST 英文法 TARGET 600
一秒でも速く解く

定価1200円(本体)
TOEIC TEST 英文法 TARGET 900
さらに一秒速く解ける

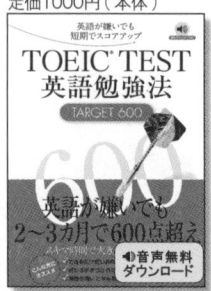

英語が嫌いでも
短期でスコアアップ

TOEIC® TEST 英語勉強法 TARGET

土屋 雅稔
Tsuchiya Masatoshi

定価1000円(本体)
TOEIC TEST 英語勉強法 TARGET 600
英語が嫌いでも2～3カ月で600点超え

定価1200円(本体)
TOEIC TEST 英語勉強法 TARGET 900
海外経験ゼロでも5～6カ月で900点超え

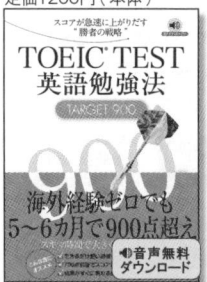

TOEIC is a registered trademark of Educational Testing Service (ETS)

Jリサーチ出版